EMANUEL SWEDENBORG
& HIS HEAVENLY SECRETS

——●━━━━━━━━━━━●——

НЕБЕСНЫЕ ТАЙНЫ
ЭМАНУЭЛЯ СВЕДЕНБОРГА

Sponsored by LNC Publishing Bryn Athyn, PA USA &
Published by Editions TPW SWEDEN
Pålsundsgatan 1 #1102 Stockholm SE-11731 Sweden

Cover Design and Layout by Tanja Perskaja
Printed in Germany by BOD

ISBN-13: 978-91-970416-7-6

Library of Congress /Washington/ Catalog-in-Publication Data

EMANUEL SWEDENBORG & HIS HEAVENLY SECRETS

by Dr. Michael Stanley

translated to Russian by T.Perskaja

НЕБЕСНЫЕ ТАЙНЫ ЭМАНУЭЛЯ СВЕДЕНБОРГА

под редакцией и с коментариами
др. Майкла Стэнли

русский литературный перевод Т. Перской

LNC Publishing USA / Editions TPW Sweden

ПРЕДИСЛОВИЕ АВТОРА

Сведенборг известен в основном как предсказатель реальности потустороннего мира, Мира Духовного. Обычно вспоминают его и цитируют как раз тогда, когда речь заходит о загробном мире, в особенности те, которые никогда не читали его работ. Кто-то считает его в высшей степени не-ортодоксальным, даже еретическим теологом, трудно воспринимаемым, хотя способным выявлять все недостатки и нелогичности традиционной христианской теологии. Гораздо менее известна и признана его исключительная способность точного предвидения многих основных аспектов современной физики, медицины, психологии и ключевых духовных учений Нового Века.

Глубину и широту его дальновидных прорицаний в этих ключевых областях невозможно объяснить просто счастливой догадкой или удачным спонтанным вдохновением. Для этого мысль его слишком и тегрирована и последовательна, что свидетельствует о том, что он смог подобрать важнейшие ключи к знанию, далеко опередив в этом своих современников, или даже большинство человечества. И, быть может, эти ключи и есть то самое, что сможет оказаться в высшей степени полезным в возрастающих исканиях нашей собственной эпохи, в попытке целостного постижения природы духовных и физических аспектов жизни.

В моем введении я в общих чертах представил некоторые главные, впоследствии получившие подтверждение в последующих открытиях, предвидения Сведенборга в различных областях, а также попытался показать природу ключевых способов его проникновения в тайны физического и духовного мира. Однако в разделе антологии, я намеренно представил выкладки из его поздних духовных работ, с целью дать более завершенную картину связи его философии со многими областями современных духовных течений. Каждый раздел предваряется моими комментариями, с целью помочь заполнить двухсотлетний пробел как в литературном стиле, так и в терминологии.

Сведенборг был плодовитым автором. Типичный для его времени латинский стиль иногда замутняет неизмеримую глубину его собственного понимания. Однако я надеюсь, что предоставленные тексты с моими объяснениями, помогут воссоздать эту его глубину восприятия во всей её ясности и чистоте, и продемонстрируют значение работ Сведенборга в контексте обобщенной духовности нашего времени.

Майкл У. Стенли

ВВЕДЕНИЕ

Эммануил Сведенборг родился в Стокгольме в 1688 году в состоятельной религиозной семье. Его отцом был Джеспер Сведберг, благочестивый лютеранский пастор, впоследствии ставший епископом. Его мать - Сара Бем, нежная и преданная душа, скончалась, когда Эммануилу было всего восемь лет. Он получил классическое образование в Уппсальском университете, однако главные его интересы вскоре проявились в области механики и химии - в виде увлечения общим устройством вещей и новейшими механическими изобретениями. Сведенборг был исключительно предан своей родной Швеции и горел желанием быть полезным, чтобы помочь стране подняться до новейших научных открытий и технологий, так как на дворе стоял уже век Декарта и Ньютона, где царили машины. Страстное желание приносить пользу, осталось с ним навсегда, и позже стало одним из ключевых его доктрин, разработанных в зрелые годы.

Юный Эммануил с пылом бросился на изучение всех современных ему математических и физических наук, с особым пристрастием к минералогии и металлургии, которые имели огромное практическое значение для экономики Швеции. Позднее он был назначен 'Экстраординарным Асессором' Королевского Совета по рудникам и приискам, контролирующим всю добычу природных ископаемых Швеции.

Несмотря на то, что во время посещений и обучения в различных университетах, ему несомненно должны были бы быть известны основные идеи неоплатоников и гностиков, у раннего Сведенборга не встречается упоминаний о сверхчувственном порядке реальности, и необходимости опираться на собственный интуитивный источник, превосходящий и разум и экспериментальные данные - его ключевой концепт, который позднее поможет ему вынести ряд предсказаний о грядущих научных открытиях 19 и 20 века.

В то время, взгляд Сведенборга на природу (следуя за Декартом и Ньютоном), был как на великую машину, невероятная работа которой может быть понята путём кропотливого наблюдения, экспериментирования и расчетов. И всё же, он не был материалистом, склонным к демонстрации саморазвития и самодостаточности чувственного мира. Возможно, он внезапно осознал, что продвигается в этом направлении, так как вскоре ощутил сильнейшее беспокойство по поводу того, что современные ему ученые, испытатели и философы находятся в опасности окончательно потерять из вида и Бога, и душу.

В 1734 г. в возрасте 46 лет, он опубликовал свою главную научную работу в трех частях: 'Царство Минералов'. Первая из них, 'The Principia' (Принципы) содержит ряд теоретико-физических гипотез о происхождении материального мира из невидимого бесконечного источника. Две другие части представляют собой исчерпывающие минералогические исследования по железу и меди. Помимо упрочения своей репутации ученого и выдающегося минералога Европы, эта первая его работа также продемонстрировала глубину его размышлений о природе вещей, а так же то, как здравые интуитивные принципы, могут приводить к далеко идущим научным предположениям.

То, что мы видим в 'The Principia', является приложением неоплатонических степеней, или эманаций реальности, в сочетании с принципами геометрии и динамики, которые показали себя исключительно успешными в покорении физического мира и его сил. Сведенборг ясно понимал, что для того чтобы что-либо могло существовать, оно должно непрерывно создавать самое себя из самое себя.

'Бытие является непрерывным нисхождением в существование'.
АС 775

Поскольку, по Сведенборгу, пространство, время и материя, происходят из Бесконечности, которая вне-пространственна, вне-временна и нематериальна, их источником, на собственном физическом уровне, может быть только не имеющая измерений, неограниченная своим расположением, но, универсально присутствующая везде, точка. Так как эта исходная точка природы, как называл её Сведенборг, есть точка соприкосновения физического конечного мира с Бесконечностью, то такая точка должна содержать в себе бесконечную энергию. Мы не можем не отметить здесь, что современная физика пришла к тому же мнению - открытие малых частиц, которые могут не иметь измерения, что создает затруднительную ситуацию наличия бесконечных энергий, возмущающих математические уравнения. Но то, что ныне угрожающе маячит перед физикой, как её конечный пункт, для Сведенборга было всего лишь его отправным пунктом.

Исходная точка природы Сведенборга является изначальным пунктом, откуда бесконечная созидательность Божественного вырывается как бы из высшего вне-временного и вне-пространственного измерения. Созидание - это последовательный, шаг за шагом процесс, включающий изъятие энергии через напряжение или ограничение. Первоначальная безмерная точка вынуждена двигаться по определенному ограниченному пути (что-то вроде сверх-вихревой спирали), отмечая эту форму в пространстве через конечные степени самой энергии. Эта конечная форма или частица, вследствие своего внутреннего строения, вращается вокруг полярной оси и, в свою очередь, более ограничена в движении, формируя на своем пути менее заряженную частицу. И так далее, вплоть до формирования атома без внутренней динамики движения влево (так называемый 'инертный' атом взятый Ньютоном за основу его механического описания устройства мира).

В своей работе The Principia, Сведенборг применяет свою теорию для выведения происхождения источника магнетизма (на основе его полярных 'Север-Юг' вращающихся частиц), и происхождение солнц и планетных систем из воздушной среды. Эти его предположения были признаны и подтверждены шведским Нобелевским лауреатом Сванте Арениусом:

Если кратко просуммировать идеи, которые впервые были изложены Сведенборгом, и впоследствии, сознательно или неосознанно, хотя и в довольно изменённом виде, заимствованы другими авторами работ по космологии, то они представляют собой следующее:

* Планеты нашей солнечной системы созданы из солнечной материи...

* Земля и другие планеты, постепенно удаляясь от Солнца, таким образом приобретают продлённый период обращения...

* Период обращения Земли, так называемые земные сутки, постепенно увеличивались...

* Планетные солнца располагаются вокруг Млечного Пути...

* Существуют иные, ещё гораздо большие солнечные системы, которые организованы в свои собственные млечные пути.

Здесь можно добавить другие предположения, как то, что звезды имеют осевую ротацию или вращение, и двигаются по курсу спирали вокруг Млечного Пути; то, что сегодня называется Нова, является звездами, распространяющими вокруг себя кольцевые выбросы, из которых формируются новые планеты. И наконец, Сведенборг также выдвигает идею, что звезды могут пульсировать, излучая некую колеблющуюся энергию. Теперь такие звезды обнаружены, и они называются пульсарами.

Сведенборг отчетливо понимал, что именно было упущено из его анализа конечной материи, происходящей из Бесконечного Божественного, в виде бесконечно заряженных, энергетических, существующих вне измерений точек, - то, что упрощено, это душа или дух. Это становится очевидно из его последующей работы, названной Бесконечная и Конечная Причина Создания, написанной вскоре после The Principia, и опубликованной в том же 1734 году. Завершающей целью Божественного созидания является не физический, материальный мир, а человек как бессмертная душа.

В физическом мире исходная точка природы рассматривается как связующее звено между Творцом и материей. Но существует ли связь между Бесконечным Богом и бессмертной человеческой душой? И что же именно составляет связь между душой и телом?

В ответ на первый вопрос Сведенборг без всякого объяснения и признаков понимания самого себя, намекает, что связующим звеном является Христос. Второй вопрос отправляет его в его следующий великий поиск связи между душой и телом, и доказательств существования души в теле. Начинает он его с высшей степени подробного изучения анатомии тела как такового. В свете этой задачи он предпринимает путешествие во Францию и Италию, для изучения патологической анатомии и методик ведущих анатомов своего времени. Результаты исследования он публикует в 1740 году в замечательной книге, название которой можно перевести как 'Организация Духовного Царства' (обычно буквально и ошибочно переводимого как Экономика Животного Царства), в которой он представляет детальный отчет о работе кровеносной и мозговой систем тела, и пытается сделать выводы на предмет их

основных функций. В течении шести коротких лет философству-
ющий исследователь материи превращается в философствующего
анатома человеческого тела, использующего неоплатонические
принципы для более полного анализа и теоретических построений
на основе современнейших и подробнейших анатомических изы-
сканий. Мы уже видели, какую роль сочетание неоплатонической
философии и изучения неоргани-ческой материи сыграли в пред-
видении современных открытий физики. Возможно ли это в случае с органической материей живого человеческого тела?

Впоследствии многочисленные физиологические индукции и
интуитивные изыскания Сведенборга были подтверждены медици-
ной, многие из них совсем в недавнее время. Приведем несколько
примеров:

1. Синхронная деятельность мозга и дыхания
2. Независимость жизнедеятельности мозга от легочного
   дыхания
3. Распространение респираторной деятельности мозга и
   легких на конечности тела
4. Существование спинно-мозговой жидкости
5. Циркуляция спинно-мозговой жидкости через внутренние
   органы между волокнами и нервами тела
6. Центральный нервный узел (corpora striata) и спинной
   нервный узел перехватывают от головного мозга некоторые
   двигательные инициативы (условный рефлекс)
7. Существование центрального канала позвоночника
8. Связь оптических долей со зрительной чувствительностью
9. Размещение сознания в корковых (серых) элементах мозга.
10. Мозг отчасти функционирует как 'химическая лаборатория'
    распределяя химические элементы через гипофиз.
11. Кровь постоянно распадается и обновляется.
12. Качество крови различается в зависимости от органа и
    человека
13. Малейшие органические частицы (волокна, элементы
    кортика) являются независимыми центрами активности со
    своими индивидуальными функциями
14. Каждый орган и 'волокно' выбирает свои собственные не
    обходимые элементы питания из крови, поставляемой пуль
    сирующей работой сердца (Кровяная плазма не форсирует
    ткани, а всасывается самими тканями по выбору)

Замечательным во всём этом является то, что все вышеизложенные гипотезы проистекали от человека, главной целью которого не были научные исследования как таковые, но поиски доказательств существования души и её местонахождения в теле!

Здесь мы должны сделать паузу и более пристально взглянуть на методы работы и умозаключений Сведенборга, ибо, несмотря на то, что объекты, на которых он впоследствии полностью сосредоточил свое внимание, были совершенно иные чем человеческое тело, его методика и основные принципы, использованные прежде, оставались неизменными и руководили им через все его позднейшие исследования духовного мира.

Главным в его методологии являлось наблюдение за внешними факторами. Крайне редко используя свои собственные опыты анатомического вскрытия, он в основном полагался на наблюдения лучших анатомов своего времени - Левенхока, Мальпиги, Руиша, Бидлу и других. Ко всем наблюдениям он применял, им так названную теорию родов и степеней, с целью обнаружить внутренние связи и функции каждой отдельной части по отношению к целому, так как Сведенборг глубоко верил, что не существует ничего бесполезного, и что всё сформированное, имеет свою важную роль в целом, и также обслуживается этим целым, будучи его неотъемлемой частью.

Вкратце эта органическая метафизика, которую Сведенборг находил столь ярко проиллюстрированной в человеческой физиологии, состоит в следующем: Сотворение - это созидание форм, которые создают видимость пространства, времени, субстанции и индивидуальности (пространство, время, материя и личность). Каждая форма является непрерывной эманацией от единого невидимого Бесконечного Источника путем серий дискретных уровней или степеней формы, где последняя, низшая, является наиболее существенным бытиём физической материи. Формы одного уровня представляют собой скопление конгломератов последующих, высших (внутренних) форм, ограниченных и в свободе, и в энергии передвижения по определённому образцу. Вся эта цепь может быть представлена в виде русской матрёшки, серией форм внутри форм, с единым Источником в центре всех и каждой из этих форм. Конструкция каждой формы неким образом соответствует образцу высшей формы, из которой она постоянно исходит. По отношению к низшим формам, высшие формы более чисты, совершенны, внутренни, просты, постоянны, гибки, универсальны, четки, прекрасны, свободны, едины и потенциально заряженны. При отсутствии помех, высшие формы выстраивают свои низшие производные формы в гармоническое целое, формируя образ Единства, с его бесконечным разнообразием частей, связанных в единое целое. Таким образом, высшие формы исполняют руководство и координацию низших форм, для того, чтобы все части уважали друг друга, и зависели друг от друга в своем направленном служении целому. Высшие формы порождают низшие и снабжают их целью существования, так что низшие формы, в свой черед, могут смотреть на высшие снизу вверх, так как они от них зависят и им же служат.

В то время как каждая форма работает по завершению своей собственной цели, она также стремится к всеобщему, или универсальному назначению целого. Высшие формы более свободны, в сравнении с низшими. Они сохраняются в целостности, с распадом им принадлежащих низших форм. Отсюда следует, что душа переживает разрушение тела. То, что происходит на низших уровнях, будет или не будет влиять на высшие уровни. Человеческое тело является чертежом наиболее совершенного порядка когда-либо созданного.

Примечательно то, что это откровение пришло к Сведенборгу задолго до того, как он написал свой труд The Principia на тему эволюции неорганических элементов. Кстати, из некоторых неопубликованных им материалов проистекает, что эта работа была предназначена проложить путь для изучения человеческой души, которая сама формирует человеческое тело и управляет его органическим веществом. И опять же, необходимо понимать, что Сведенборг вовсе не искал научных открытий, а только подтверждающих доказательств для всех неверующих, что тело живет потому, что ему дана бессмертная душа, которая, в свою очередь, жива от Бога.

В 1744 году, в своей последующей работе о других органах тела, названной 'Животное Царство' (Animal Kingdom), всё еще обеспокоенный угрозой растущего агностицизма, Сведенборг писал:

'Эти страницы написаны мною для тех, кто никогда не верил ни во что кроме того, что они могут воспринять через понимание. Такие люди склонны отрицать существования всего, что более утончено чем они сами, к примеру душа. Такие вещи как бессмертие и небеса, они отрицают как болтовню и небылицы'. *ЖЦ t.i стр. 22*

Мы уже отметили некоторые грандиозные научные повороты Сведенборга, где он применяет 'теории родов, степеней и соответствий' к физическому телу, но что же насчет его мнения по вопросу интеллектуальной стороны человеческого существа? Поначалу, вслед за нео-платониками, он был склонен подразделять рассудок на три составные части, - на низший инстинктивный разум, зависимый от ощущений; затем рациональный разум, способный к размышлению над содержанием низшего разума; и наконец интуитивный 'очищенный интеллект', выше, превосходнее, универсальнее и совершеннее рационального разума.

Везде где низший разум рожден без внутренних понятий (согласно Локку), чистый интеллект, который выше мышления, является тем, что разрешает рациональному разуму распознавать природные истины как противоположность духовным. В сравнении с рациональным рассудком, чистый интеллект постигает всё скорее интуитивно и целостно, чем раздробленно, так же как вне времени и вне пространства; чистый интеллект и не развивается и не вырождается. Позже, когда духовный мир стал видимым Сведенборгу, и ему стало ясно, что структура и анатомия этого мира соответствует физической структуре человеческого тела, он предваряет открытие нобелевского лауреата Роджера Сперри, сделанное в 1960 г., о том, что правая половина мозга дает разуму возможность реагировать на опыт и интуитивно и целостно, тогда как левая половина анализирует и рационализирует этот опыт

Однако, задолго до этого открытия природы духовного мира, в своей последующей неопубликованной работе, почти полностью посвященной предмету разума как такового, Сведенборг разъясняет, что существуют уровни чистого интеллекта (выше или глубже), а именно: уровни истинно духовной природы или интеллекта, и над этим - сама Божественная Мудрость. Одна из важнейших идей, идея об общении душ. Она состоит в том, что души связаны между собой посредством некоего рода вибрации, которую они могут ощущать в себе. В своей 'Рациональной Психологии' Сведенборг определяет цель творения как 'наиболее совершенное сообщество душ':

'В наиболее совершенных формах общества должно существовать не только разнообразие всевозможных душ, но и вариации, где множество душ находится в таковом согласии друг с другом, что они составляют некое сообщество, где нет нехватки ничего того, что не сможет быть найдено в чьей-то душе. Таковой же является форма атмосферного мира макрокосма, таков и порядок составных частей человеческого тела, в отношении волокон, корковых гланд и т.д. Это разнообразие я назвал бы гармоничным, подобранным из вариаций составляющих, каждая из которых соответствует любой другой посредством определенной природной аналогии, и таким путем организует данное сообщество в единое целое.' RP 535

Подобным образом Сведенборг постепенно приближается к своему последующему духовному открытию - что все души расположены в духовном пространстве по родству и соответствию с многочисленными частями человеческого тела. Эту структуру Сведенборг впоследствии назовет Maximus Homo, буквально 'Большой Человек' (ранее переводимый как 'Великий Человек', в более современном переводе 'Универсальный Человек').

С этих пор Сведенборг начинает всё более обращаться к таким религиозным темам, как Бог, Христос, Небеса и Ад, Добро и Зло. Будучи определенно преуспевающим по внешним мирским понятиям, он не чувствовал себя внутренне счастливым и был расположен к меланхолии. Из его личного дневника, который он начал вести в 1743 году, можно проследить, какой проблемой было для него непрерывно возрастающее пробуждение его внутренних чувств. Несомненно то, что гордыня была в числе главных духовных его проблем, а также беспокойство о своей собственной привязанности к мирским вещам. Дневник, который он вел в течении 18и месяцев, в основном представляет собой записи о необычайно ярких снах того времени, и интерпретация их значения для него самого.

Происходящее во снах было типичным внутренним конфликтом между его высшей и низшей сущностью, повторяющийся внутренний конфликт, которые он позже назовет 'борьбой с искушением'. Женщины его снов представлялись ему музами, и олицетворяли те аспекты жизни, которые его привлекали и ему нравились. Очевидная сексуальная природа некоторых из этих снов и легкость в описании интимных деталей не оставляют места ни для каких фрейдистских интерпретаций на эту тему. По мнению Сведенборга, женщины в его снах олицетворяли его любовь к науке, философии и духовной истине и необходимость оставить за собой первые две, для того, чтобы полностью посвятить себя третьей. Эта интерпретация впоследствии полностью подтвердилась последующими переменами в его жизни, отныне сопровождаемой чистотой и спокойствием мудрости. Короче говоря, Сведенборг верил, что его сны символизировали изменения, происходящие внутри его самого, означая то, что он должен оставить свои настоящие цели и методы, т.е. поиски доказательств существования души изучением человеческой анатомии, и приготовить себя для более высокого служения человечеству.

Приостановив ранее планируемую публикацию томов 'Организация Человеческой Души', он, вместо этого, создает восхитительный поэтический опус на тему библейских историй сотворения мира, названный "Служение и Любовь к Господу", где в комментариях представляет некоторые элементы своих философско-физиологических откровений.

Начиная с этого времени, Библия составляет главную основу для изучения, анализа, и выводов Сведенборга - не как интерпретация буквального смысла Библии, но как аллегорическое описание странствия самой души.

Что же случилось, и что именно заставило Сведенборга так круто изменить ход своей жизни? По-видимому, он внезапно, и очень отчетливо, испытал свою собственную незначительность в сравнении с манифестацией Христа и его Любви. В течении многих лет Сведенборг был привычен к рациональному обсуждению и анализу на тему любви - всё это извне. Но как драматично меняется жизнь, когда внезапно испытываешь любовь внутри себя!

Вскоре целый новый мир, и в прямом и переносном смысле, открылся глазам Сведенборга, потому что с 1745 года он начинает описывать то, как он был допущен в царство Господа 'самим Мессией', и утверждать, что беседовал с различными небесными персонажами, и даже с 'умершими, которые восстали вновь'.

Оставшиеся 27 лет своей жизни он посвятил детальным описаниям опытов внутреннего духовного мира: описаниям всего того, что он сам видел, слышал, и ощущал своими собственными духовными органами, а также описаниям внутреннего мира Библии, открывшегося его духовной интуиции.

Под конец он забросил свою мирскую карьеру, и посвятил себя полностью своему новому призванию - открытию внутреннего значения Библии и исследованию природы реального духовного мира исходя из своих духовных ощущений. Основательно подготовившись составлением Библейского индекса, изучением древнееврейского и документацией своих испытаний в духовных сферах, после нескольких предварительных попыток осознать странствия души и её эволюцию на основе Ветхого завета, он наконец публикует в 1749 году полное, с собственными комментариями стих за стихом, объяснение символических значений в книгах Бытие и Исход. Этот восьмитомный труд (двенадцать томов в английском переводе) названый Arcana Coelestia, или Небесные Тайны, представляет собой настоящую сокровищницу духовно-психологических прозрений, несмотря на её основательный и педантичный теологический стиль, рассчитанный, как многие могут угадать, на то, чтобы небесные тайны, как им и должно по их названию, оставались тайнами.

Среди многих последующих духовных работ Сведенборга я упомяну лишь некоторые из его главных трудов.

'**Небеса, и Ад**' возможно наиболее известная и популярная из них, была опубликована в 1758 году как духовные и экспериментальные анализы испытаний Сведенборга в духовных сферах за предыдущие 13 лет. Эта книга представляет собой ни что иное, как путевой дневник с описаниями потусторонних пейзажей и архитектуры; это великолепная попытка помочь читателю осознать целостность духовного мира как извне-окружающий образ, отражающий душу, Божественность и извращения эго.

'**Небесная Любовь и Мудрость**', опубликованная в 1763 году, отличается более зрелым пониманием доктрины творения через эманации, сферы (ауры), серии и уровни. Она заключается разделом, посвященным взаимоотношением воли и понимания в разуме, и их обоюдному соответствию, отраженному взаимодействием сердца и легких в теле.

'**Божественное Провидение**', опубликованное в следующем году, описывает как Божественная Природа неизменно подчиняет все свои усилия нерушимому порядку, который управляет тем, что Ею создаётся, а особенно искажениями бытия по воле человека. Начальные главы этой книги включают попытки Сведенборга выразить глубочайшее мистическое взаимоотношение конечного человека с его бесконечным источником в Боге.

Затем, в книге '**Супружеская Любовь**', опубликованной в 1768 году, Сведенборг обращает внимание на область, которая до тех пор была плохо или неверно истолкована эзотерическим христианством - сексуальность и союз между мужчиной и женщиной. До некоторой степени сходный с алхимическими учениями о союзе мужского и женского начал в духе, его подход отличался практическим применением глубинных духовных основ к реальной ситуации, где мужчина и женщина ставятся перед сексуальными потребностями, эрос, перед духовным желание воссоединения с партнером. В своем труде 'Апокалипсис Откровенный' Сведенборг вновь вернулся к истолкованию Библии. Прорабатывая стих за стихом последнюю книгу Библии, он видел в ней 'жатву добра' после того, как 'плевелы' зла, будучи полностью созревшими, атаковали добро, но были полностью уничтожены. Сведенборг выражает свои взгляды по отношению к господствующим религиям как католической так и реформистской церкви, демонстрируя то, что субтильное коварство зла и фальши процветает в этих церквях в скрытом виде, до наступления критического момента, когда, согласно Божественному Порядку, наступит очередь Последнего Суда, который духовно отделит созревшее добро от полностью проросшего зла внутри этих церквей.

Последнюю существенную работу, опубликованную в 1771 году, за год до своей смерти, Сведенборг назвал 'Истинная Христианская Религия'. Она представляет собой некий конспект главных его теологических учений, зачастую с употреблением современной ему протестантской терминологии. В какой-то степени работа эта является великолепным подведением всевозможных итогов; но ей, по мнению автора данной книги, недостает духовно-психологических, а также мистических глубин многих его предыдущих работ; может быть труд этот был написан как полемический ответ теологам, выраженным при помощи их же собственных терминов.

Сведенборг мирно скончался в 1772 году, в Лондоне, в возрасте 84 лет, всё ещё в полной умственной силе, которая оставалась его даром на протяжении всей жизни, спокойно и счастливо глядя вперед в бесконечное бытиё в универсальном духовном мире, так хорошо ему знакомом.

1

СТРУКТУРА ДУХОВНОЙ МЫСЛИ СВЕДЕНБОРГА

Уникальные способности Сведенборга к интуитивному точному предвидению некоторых ключевых аспектов современной физики, а также многих озднейших открытий физиологии вплоть до наших дней (а может быть и далее?) требуют объяснений. Объем настоящей книги к сожалению не позволяет провести исследования этого важного и интригующего предмета. Достаточно сказать то, что отчасти ответ можно найти в информации по применению Сведенборгом герметических и неоплатонических принципов мышления к современному ему физиологическому знанию, особенно в его Учении о Соответствиях.

Универсальность

Сведенборг учит, что основа единства всего живущего исходит из одного бесконечного Источника описанного как Сущая Любовь, и что всё живое пребывает на различных субтильных уровнях и в формах, которые родственны с частью или с целым той универсальной формы или организма, которую он называет Высший Человек или Универсальный Человек.

В физическом теле эта универсальная форма Высшего Человека в совершенстве отражается в иерархических и взаимосвязанных функциях органов и клеток тела. В разуме же человека эту форму можно распознать в различных ментальных функциях, в воле соответствующей сердцу, и в понимании соответствующему легким. Более высокий разум, или дух, является интегралом Высшего Человека, а сама сокровенная душа - это форма того, что Сведенборг называет Божественным Человеком, или Сыном

Божьим - евангельским Христом. Таким образом, в сущности человечество в целом является монолитным обществом, где каждая отдельная религия это лишь часть одной вечной универсальной религии. Наиболее сокровенные мысли и чувства человека, таким образом, происходят не от него самого, а являются частью жизненного потока более высоких уровней Божественной эманации. И всё же, на каждом из этих уровней, каждый человек или дух обладает отчетливой индивидуальностью, дающей ему возможность занять собственное место (в том случае, если он позволяет более высоким внутренним уровням руководить собой) в совершенстве целого.

Духовная свобода

Следовательно, в своих сокровенных глубинах человек навечно объединен с одним Источником, но на его внешних уровнях, он вполне свободен действовать либо в соответствии со своей собственной высшей сущностью, либо искажать единый универсальный порядок жизни (таковой выбор явиться источником зла). Сокровеннейшие глубинные уровни представляют собой 'внутренние небеса'. В основном существует два уровня: наиболее высший называемый небесным, суть его любовь и истинное почитание Целостного или Единого, или Самого Бога (Господа); и низший духовный уровень, который представляет собой любовь и сознание добра во всех частях целого, (любовь к ближнему). Небесный уровень является целостным и таинственным, духовный уровень является более аналитическим и структурным.

Союз с Господом и с ближним

Однако, когда человек пребывает вне небесной области своего духа, не подозревая о наличии своих внутренних небес и своего божественного происхождения, чего поначалу не избежать, он не только не чувствует любви к Богу или к ближнему, но и отделен от них; он находится в состоянии изоляции, которая зовется адом. Конечно, существует множество степеней такого состояния, от весьма умеренного до преувеличенно-ужасающего (внешняя тьма). В таком состоянии человек неспособен испытывать цельность любви (Бога или ближнего). Тогда, лишь Божественное откровение - озарение свыше сможет рассеять мрак тьмы тем светом, который станет его спасением.

Божественное Слово взывает к душе манифестацией форм или образов - через красоту природы, через музыку или сны, но, иногда, как в случае с самим Сведенборгом, через печатную форму святого писания. После того как Слово воспринято, Божественный Святой Дух получает возможность пробудить расслоенные глубины человека и направить его сердце (или волю) на перемены (покаяние), и на поиски путей слияния с целым (с Господом и ближним). Сын позван, он услышал зов; выбором его станет возвращение в дом к Отцу своему.

Учение о Пользе.

Когда наступает это единение, низшая воля воссоединяется с Божественной волей в желании приносить пользу, по той причине, что это будет способствовать добру и счастью целого. Это и является любовью к добру, пользе, служению. Высшее осознание истины соединяется таким образом с мотивацией служить истинно духовным интересам всех составляющих частей (т.е. духов) и духовным и практическим образом. Это совсем не означает, что каждая индивидуальная часть ощущает себя потерянной в единстве Целого. Напротив, с особой ясностью, она чувствует свою уникальность, одновременно воспринимая себя как часть единого целого. Таким образом, объектом наивысшей человеческой любви является не Бесконечность, которую он даже не в силах объять, но Божественный Человек или Христос, который является формой Единого целого, формой которую глубинный человеческий разум способен и понять, и принять.

Падение

Латинское слово Proprium (Проприум), означающее 'то что принадлежит самому себе', является тем самым словом, которое Сведенборг употребляет для определения способности человека чувствовать себя живым, вне зависимости от Единства (Бога). Проприум схож с широко употребляемым современным словом 'эго', которое употребляется с целью определения области 'Я', или для самоидентификации в области сознания. Именно интерпретация через Понятие Проприум (или эго) того, что человек видит и ощущает посредством своих телесных органов чувств, создает зачастую величайшую иллюзию, в которую способен впасть человек; а именно - убежденность в том, что он изолирован, независим, и, по сути своей, одинок в огромном и чуждом ему мире. Отсюда возникают негативные чувства страха, стыда, вины, зависти, отвращения и т.п.. Хотя мир человека в первую очередь является падшим миром, именно этот самый мир и посещает Искупление.

Воплощение и Искупление

В один из исторических периодов духовного разложения земного населения, духовный мрак сгустился до такой степени, что возникла опасность того, что не останется больше никого, кто мог бы узреть тот свет, который бы создал возможность внутреннему Божественному вывести человечество из темноты, и тем самым спасти мир. В то время Божественное ниспослало от Себя особое рождение Сына своего, который был предназначен стать самим Светом, сияющим в людском мраке. Это уникальное воплощение приняло форму Иисуса из Назарета, в нём то и разыгралась великая битва между силами тьмы и света, - битва, в которой Иисус, как Христос, преодолел ад борьбой с искушениями своей души. Победа, одержанная Иисусом, защитила духовную свободу человека увидеть свет и вернуться к Отцу; она же и привела Иисуса Христа к полному завершению единения со своим Небесным Отцом (прославление Господа).

Образцу этой битвы за возрождение, или за духовный рост, должно повторяться внутри каждого отдельного (павшего) индивидуума именно так, как следует далее: 1)Наступление царства света, или Воплощения (рождения внутреннего Христа); 2)Распознание в себе, и признание, собственного Проприума (эгоцентризма); 3)Покаяние - крутой поворот, возврат к внутреннему Отцу практикой любви и свободы выбора; 4) Искупление - Божественное спасение души от адских связывавших 'иллюзий эгоцентризма'. Таким образом, внутренний Христос человека, постоянно и вечно выводит его на спасение людского мира.

Перерождение

Весь процесс возвращения (перерождения) подобен рождению вновь. Семена остаточных состояний небесных опытов, уже посеяны в природном человеческом, пробуждающемся сознании со времени его физического рождения. Перерождающийся человек проходит через циклы озарения, перемежающиеся с пробуждающимся сознанием присутствия некоего зла, или т.н. собственных 'адских' тенденций, которые привлекают его - часто в скрытом виде, - на глубинах его разума или бытия. За этим следующая битва, борьба с искушениями, происходит между внутренним Христом (Светом) и силами тьмы (Ада). Победа над злом достигается сочетанием воли человека с приятием силы его внутреннего Божественного; хотя это ощущается им так, как будто победа достигнута исключительно собственными усилиями. Таким образом Божественное и человек едины, и объединяет их эта самая внутренняя борьба. Впоследствии человек переживает внутреннее спокойствие, смирение, и наслаждается радостью того, что Господь пребывает в нем; таким образом он испытывает небесное состояние. Этот очистительный процесс повторяется бесконечно, так как никогда очищение естественного бытия и сознания не возможно достигнуть полностью.

Жизнь после Смерти

После наступления смерти физического тела, состояния внутреннего мира проявляются вовне в соответствующих формах, отражающих небеса, ад, или промежуточные степени состояния, переживаемого в данное время. Поскольку этот загробный мир населяется многими, то каждый из тех, кто находится в подобном внутреннем духовном состоянии, что и окружающие, разделяет с ними одно и то же пространство, т.е. внутренне схожие духовные условия. Наличие физического тела обычно препятствует какому-либо сознательному пробуждению этого духовного феномена, но, при определенных обстоятельствах, дремлющему сознанию разрешено очнуться, создавая возможность осознанной коммуникации между духами и людьми. Те, кто обитает в небесных областях своего духа, называются ангелами, а те, кто пребывает в адских областях, называются злыми духами, а иногда и дьяволами.

Супружеская любовь

Вдобавок к подразделению в человеке на действительность/иллюзию и на небеса/ад, существует также разделение между сердцем и умом, - или между субъективными чувствами и объективным логичным мышлением. В мужчине аспект объективной мысли является более сознательным, а аспект субъективных чувств более неосознанным. В женщине же наоборот. Мужчина, так сказать, исследователь новых территорий (искатель мудрости), а женщина собирает и заботится о том, что было найдено (любя эту мудрость, полученную таким образом). Итак, подсознательные элементы одного пола отвечают соответствующим элементы противоположного пола, управляя более превосходящими элементами друг друга. Тогда, когда имеет место истинно глубинный фундаментальный союз обоих аспектов через единство мужа и соответствующей ему жены, Сведенборг называет это супружеским союзом. И пара людей, пребывающая в супружеской любви в сути своей, формирует одного ангела - не телом или умом вовне, но в глубинах сердца, разума и души.

Предназначение Эпох

Внутренние преобразующие (перерождающие) циклы индивидуального духа имеют свое коллективное соответствие в группах (церквях), и больших и малых, более или менее всеобщих или глобальных. Если взять наиболее значительные из этих духовных циклов или эпох, то их было четыре от самого начала зарождения человечества на земле, с пятой (эпохой Нового Иерусалима) уже на стартовой линии. Каждая эпоха возрождалась с приходом особого Божественного откровения в какой то совершенно определенной форме; каждая из них завершалась фазой полной духовной коррупции и извращением учения, что вызывало необходимость оценки и осуждения (дабы разобраться в их сущности и вычленить оставшиеся нетронутыми элементы, которые в будущем станут служить развитию последующей духовной эпохи или эры).

Такой суд мифологически описан Библией в истории Ноя и Великого Потопа. Отчетливые характеристики лучшего, что было в каждой из этих эпох, отражены в психологическом развитии индивидуального потенциала человека, с младенчества к детству, молодости, зрелости, и далее до мудрой старости.

Новое Время

Сведенборг предсказал приход Новых Времен, который будет отмечен зрелостью и её превосходством своей истинной внутренней свободой от догм, также как и от любых видов авторитета - той внутренней свободой, которую может принести только древняя мудрость эпох. Это свобода во всём том, что поставляется Божьей волей, и радость принимать эту волю и жить в гармонии со своей истинной (высшей) природой, станет уникальной составной частью в целостности Вселенского Человека, чей дух являет собой Само Божественное.

****

Такова, вкратце, попытка выделить некоторые постулаты мышления Сведенборга. Здесь надо заметить, что несмотря на то, что он никогда не смог бы разработать свою духовную философию без основательного усвоения древней мудрости, без Неоплатоническо-Гностических структур, или без, вне испытанного им наяву, опыта общения с потусторонним миром, являвшимся ему в духовном обличии. Основа же его детально проработанной духовной философии развития души была навеяна самой Библией. Это в сокровенном писании Библии Сведенборг обнаружил Божественное Слово, которое открыло ему полную динамичную картину стадий падения и перерождения души. К этому самому Слову он, снова и снова, призывает читателя, к методу изучения и медитации, при помощи 'истинной доктрины Бога и Человека'. Связь, через учения соответствий между внешним и внутренним миром, вручает каждому человеку ключ к тому, чтобы самому отомкнуть портал ведущий к свету Божественной Истины. Описывая свои духовные опыты и впечатления понятным рациональным языком, и ясно объясняя, как применяется ключ соответствий, в особенности к священным писаниям, он старается приоткрыть завесу современному 'рациональному' интеллекту, дабы посодействовать ему в поисках себя, истины, внутренних небес и, для человека максимально существенного, слияния с Божественным началом.

'Это является ролью мудрого человека, видеть и постигать истину от света небесного, а не повторять то, что уже было сказано другими.' *AE 190*

'Никто другой не постигает истинного смысла Слова, как те,

которые озарены. И только те могут быть озарены, кто пребывает в любви и вере в Господа, ибо их сокровенное внутреннее возвысится Господом аж до самого света небесного.' *AC 10323*

2

ПРИРОДА БОЖЕСТВЕННОГО

Сведенборг начинает некоторые из своих основных работ с попытки объяснить свое личное восприятие Божественной природы. С его точки зрения нет ничего более жизненно важного для человека, чем его представления о Боге, или о Божественном, так как развитие человеческого духа проистекает в этом направлении, и именно это определяет истинный характер человека и его состояние.

Насколько важно иметь верное представление о Боге, может быть выведено из того, что идея Божества внутренне присутствует во всех тех, кто имеет религию, оттого, что все предметы, относящиеся к религии и богослужению, предназначены для почитания Бога. К тому же Бог, полностью или частично, присутствует во всех предметах религии и богослужения; таким образом, без правдивого представления о Боге, общение с небесами является невозможным. *DLW 13*

Идея Бога, по своей важности, превосходит все остальные идеи. Это потому, что общение человека с Небом, и его слияние с Богом, определяется этой идеей. Именно от нее зависит его просветленность, любовь к истине и добру, восприятие, разум и мудрость, ибо всё это исходит не от человека, но от Господа, при условии воссоединения с ним Самим. *AE 957 (3)*

Целостность религии основывается на представлении человека о Боге и в соответствии этому представлению. *Can 1*

Бесконечное и Вечное
(Безпространственно и Безвременно)

Сведенборг ясно отдавал себе отчет в том, что сама по себе непостижимая природа Божественного пребывает вне границ времени и пространства, и вне ограниченных способностей человеческого сознания.

Божественное является Бесконечным, и о Бесконечном ничего другого не может быть сказано, кроме того, что оно существует Само по Себе, или что Оно по сути Само Добро. *АС 12619*

Известно то, что Божественное, так как оно Бесконечно, не вмещается в понятия ни человека, ни ангела, вследствие их конечности; и эта их конечность не в состоянии охватить бесконечности. *АО 31(2)*

Нет ничего в Господе, кроме Бесконечного, и так как Он Бесконечен, Он не может быть воспринят иначе, как бытие (esse) и манифестация (exirstere) всеобщего добра и истины. *АС 2803*

Тем не менее, концепт бесконечности (как он понимается математикой), может и должен занимать важное место в нашем интуитивном восприятии.

Несмотря на тот факт, что человеческий разум, из множества объектов мироздания, способен признать то, что изначальное единство, или первичное Бытие, является Бесконечностью, он всё еще не может распознать Его природы, и, следовательно, не способен дать иного определения Его, чем Всеобщее Бесконечное. Ум человека может лишь подтвердить то, что существует в Нем Самом, и следственно является подлинной и единственной Субстанцией;. ... Но чего же стоят все эти заключения если они совершенно не отбрасывают света на природу Бесконечного? Это происходит оттого, что любой человеческий разум, даже если он в высшей степени аналитический и возвышенный, является конечным, и это самое качество конечности не может быть отделено от людского разума. Вследствие этого разум совершенно неспособен к пониманию бесконечности Бога как Такового, Божественного по своему Существу. Всё таки он может неясно различать Его, как бы высвечивающего из за... видимых объектов мира, в особенности через объекты, явленные в Слове. Таким образом становится ясно, что тщетны будут все желания познать самого Бога в его Бытие или Субстанции. Достаточно признавать Его в конечном, каковыми являются сотворенные объекты мира, в которых Он пребывает бесконечно. *TCR 28*

То, чем являются Бесконечное и Вечное, не может быть понято тем что конечно, и в то же время это возможно. Не может быть понято потому, что конечное неспособно содержать в себе бесконечное, а может по причине   существования абстрактных идей, которые создают возможность наблюдать проявление вещей, вне зависимости от их природного происхождения. *DP 46*

То, что Бесконечно в Себе самом, и Вечно в Себе самом, представляет собой Божественное, кое может быть увидено человеком, оставаясь невидимым. Это может быть увидено теми, кто мыслит Бесконечное вне пространства, а Вечное вне времени; но для тех, кто мыслит себе Бесконечное и Вечное во времени и пространстве, Они оба невидимы. *DP 48*

Совершенно ясно, что эта проблема относится к естественной склонности человека видеть и ощущать во времени и пространстве.

Природе естественного мира присущи два свойства - пространство и время; из них человек в мире природы строит представления из своих мыслей, и таким образом формирует своё понимание. И если человек постоянно пребывает в этих идеях, не возвышаясь над ними своим разумом, он никогда не сможет впитать ничего духовного и божественного, потому что он включает всё это в идеи, порождённые понятиями пространства и времени, и в пропорции с этим, светоч его понимания задерживается на среднем естественном уровне. *D1W 69*

По контрасту с этим, небесное же состояние постоянно, всё более и более, отклоняется от естественной значимости времени и пространства.

В иной жизни не остается ничего от пространства и времени, хотя существуют состояния, согласно которым случаются внешние проявления времени и пространства, и жизнь становится всё более и более небесной, чем более удаляется она от того, что зовется пространством и временем, и ближе к тому, что вечно, и в чем совершенно не присутствует понятия времени, или тому подобного. *AC 2654 (6)*

Сведенборг советует своему читателю возвысить свой разум над идеями пространства и времени, с целью постичь нечто от бесконечности и от вечности.

Не нужно, прошу вас, ограничивать ваши идеи временем и пространством, так как покуда что-либо от времени и пространства присутствует в ваших мыслях, когда вы читаете последующее, вы не сможете понять этого. Ибо Божественное не является ни во времени, ни в пространстве. *D1W 51*

Созидание само по себе не может уместиться в сознании, до тех пор покуда время и пространство не будут изъяты из мышления, но когда они изъяты, то оно может быть осмыслено. Избавьтесь от них, если можете, или насколько можете, и держите в своем разуме идею, отвлеченную от пространства и времени, и тогда вы сможете понять, что не существует разницы между максимальным и минимальным пространством… Существуют бесконечные проявления бытия в Богочеловеке… и все эти бесчисленные проявления существуют как образ Богочеловека в сотворенной вселенной. *D1W 155*

Божественное далеко не непознаваемо в своей вечно продолжающейся деятельности манифестации Себя бесчисленными способами. (Сегодня мы можем проиллюстрировать это на примере электричества - само по себе невидимое, его можно ощутить через оказываемый им эффект). Электричество доступно для использования, хотя и не вполне постижимо.

Вселенская природа это театр, представляющий Господнее Царство; таким образом Божественное пребывает в каждой частице природы, в той степени, в коей природа является проявлением Вечного и Бесконечного, - Вечного, т.к. она происходит от вечности, а Бесконечного, т.к.она умножает семена до бесконечности. *AC 5116(2)*

Божественная Сущность как Любовь

Каким же образом человек сможет приступить к познанию непознаваемого? Сведенборгу это предельно ясно, Божественное есть Любовь. И это именно к 'любви' человек должен обратиться за направлением, которое приведет его к достижению осознания и восприятия Божественного Естества.

Самоё Божественное является истинной Любовью. *AC 6849*

Так как же мы должны понимать этот возвышенный термин 'любовь' в применении к Бесконечному Божественному? Ведь будучи по существу бесконечным, оно само по себе непознаваемо.

Само Божественное Бытие есть Любовь, крайне непостижимая человеку. *AC 5042*

Но Любовь насчитывает бесчисленные грани или аспекты, некоторые из которых доступны пониманию каждого. Из множества определений любви, которые Сведенборг даёт на страницах своих работ, нижеследующие кажутся наиболее центральными и ключевыми.

Любовь в существе своем является желанием, а в проявлении своем - действием. Так как то, что человек любит, он и желает, а когда он желает по причине любви, тогда он и действует.
AC 797(2)

Небесное или божественное естество любви не хочет существовать для самое себя, но для всего сущего, таким образом делясь всем тем, чем владеет, с другими. Именно в этом и состоит небесная любовь. *AC 1419*

В отношении самой себя, любовь это ни что иное, как влечение, и, следовательно, стремление к воссоединению. *CL 37*

Сама специфика любви, это не тоже самое что любовь к себе, но любовь к другим, а также воссоединение с ними посредством этой любви. Сущность любви также состоит и в том, чтобы быть взаимно любимым, это оттого, что только тогда любовный союз вступает в силу. Проявления всякой любви заключаются в единении, одухотворяемом любовью, которая зовется наслаждением, удовольствием, живостью, благословением, счастьем и блаженством. Любовь заключается в том, что всё то, что имеешь, принадлежит другому, и еще в том, чтобы чувствовать наслаждение другого как свое собственное, такова любовь. *DLW 47*

Наиболее возвышенным или сокровенным является небесный элемент любви или Любовь Сущая, в которой нет никаких атрибутов кроме тех, подлинной любви и подлинного милосердия ко всему роду человеческому; и это Милосердие таково, что желает спасти всех людей, сделать их навечно счастливыми, и поделиться с ними всем тем, чем Оно само обладает - и таким образом, путем истинного милосердия и могучей силы любви, возвысить их до небес, то есть до самого Себя - всех тех, кто желает последовать. *AC 1725*

Сущность Божественной Любви, которая является любовью ко всему человеческому,.... хочет спасти всех людей, и сделать их благословенными и счастливыми на веки веков, и одарить их своей Божественностью, в той мере, в которой они способны Её принять. *AC 4735(2)*

Любовь и Мудрость

В Сущем Божественном пребывает единство любви и мудрости. Так как интеллектуальный разум воспринимает их отдельно, Сведенборг поясняет, что в действительности одно не существует без другого. Аспект любви в этом единстве является существенным, и в тоже время невидимым; с другой стороны, аспект мудрости является влиятельным и видимым. Никто не в состоянии обладать одним без наличия другого, не утрачивая существенной природы Божественной Реальности.

Любовь и мудрость, как уже было сказано, являет раздельное единство, так как они две отдельные вещи, слитые в одно единое таким образом, что любовь является мудростью, а мудрость любовью; ибо в мудрости присутствует любовь, а в любви мудрость.
DLW 34

Мудрость, которая отделена от своей любви, может только представляться мудростью, хотя ею и не является; и также любовь, которая не составляет единства со своей мудростью, лишь кажется любовью к мудрости, хотя и не является ею. *DLW 39*

32

Любовь проявляет себя для того, чтобы быть увиденной и признанной мудростью, и когда она видима и узнана, мудрость есть ни что иное, как образ любви. Более того, любовь является сущностью (esse) жизни, а мудрость ее манифестацией (existere). Подобие и образ Бога ясно проявляется в ангелах, ибо их лица излучают любовь, а их красота излучает мудрость, где сама красота представляет собой форму их любви. *DLW 358*

Любовь может быть понята только по своему качеству, и этим самым качеством является мудрость; и это самое качество, или мудрость, может проистекать только из собственного бытия, которое является любовью; следовательно любовь и мудрость составляют единое целое. *DP 13*

Любовь и мудрость проистекают от Господа одним целым, хотя это целое и не воспринимается ангелами как таковое. Так и мудрость, преобладающая над любовью, в самом деле только выглядит мудростью, еще не являясь ею; так как в этом избытке мудрости отсутствует живая сущность любви. *DLW 125*

С людской точки зрения, мудрость не порождает любви, но просто учит и указывает путь, наставляя человека в том, как ему надо жить и указывает должное направление его продвижения.

DLW 244

Сведенборг старается выделить для нас характеристики истинной мудрости, как противоположность интеллектуальному потенциалу или одаренности ума.

Набирать силу мудрости, вовсе не дает права рассуждать об истине и добре от знания, это также не дает права утверждать что-либо угодно, хотя и даёт возможность различать то, что является истиной и добром, выбирать подходящее, и применять это в своей практической жизни. *AC 10227(3)*

Мудрость означает любовь к пользе, т.е. любовь к тому, что есть хорошего в согражданах, обществе, отечестве и Церкви. *HH 390* Воспринять добро от Господа, чтобы затем желать добра другим, является мудростью. *AC 5570*

Главное в мудрости это различать без рассуждений то, что является истиной, а что нет. *AC 5556*

Состояние мудрости, это когда человек более не беспокоится о понимании истины и добра, но желает претворять их в жизнь; ибо это и есть быть мудрым. *AC 10225(6)*

Польза

Слитые воедино, Любовь и Мудрость не статичны, а непременно не теряют из вида создание третьего аспекта - пользы, которую они станут приносить другим. Таким образом осуществляется фундаментальное триединство этого союза.

Не принося пользы, любовь и мудрость остаются довольно абстрактными понятиями, . . . тогда как они сплетаются воедино, если служат на пользу, и превращаются в то, что зовётся реальностью. Любовь, будучи двигателем жизни, без устали вершит свои деяния; также и мудрость, которая не может существовать и поддерживать это существование, кроме случаев когда совершает нечто по причине любви и с любовью; и именно таковое деяние приносит пользу . . . *CL 183(3)*

Оттого что Господь является Сущей Любовью и Сущей Мудростью, Он является также Сущей Пользой. Ибо конечным результатом любви является польза, движимая далее мудростью. Так как без пользы, любовь и мудрость не имеют ни границ, ни результатов, то есть никакого определенного собственного места пребывания. Следовательно, невозможно было бы утверждать, что они обладают бытием или существованием, пока они не проявят себя полезными в своей сути. *DLW 230*

Каждый, кто мыслит более или менее просвещенно, может понять, что результатом любви является польза, она и стремится к этому, и приносит эту пользу при помощи мудрости. Ибо любовь сама по себе не может приносить пользу самой себе, если только путём мудрости в роли посредника. Воистину, чем же будет любовь, при отсутствии некоего объекта любви? Этот 'объект' и есть польза, и оттого что эта польза любима, и оттого что она порождается мудростью, следует то, что польза представляет собой сосуд, содержащий в себе мудрость и любовь. *DLW 297*

Добро

На практике, этот важный термин 'польза' является первичным эквивалентом концепта 'добра'.

Польза это совершение добрых деяний из чувства любви и посредством мудрости. По сущности, польза является самим добром. *CL 183(3)*

Все те добрые вещи, которые присутствуют в деяниях, называются пользой. *DLW 336*

Истина

Также как любовь является сердцем мудрости, так и добро представляет собой сердце истины, и Истина - это форма добра, т. е. когда добро сформировано таким образом, что оно может восприниматься рассудком, тогда оно зовется истиной. *AC 3049*

Добро в мыслях мудрого человека является истиной, превращающейся в добро тогда, когда он и желает добра, и творит его. *ISB7*

Созидание

Любовь и Мудрость (или вкратце Любовь) Божественного, по сути своей природы, является созидательной. Это происходит оттого, что для существования каждой формы (например атома) ей необходимо постоянно воссоздавать себя вновь и самой поддерживать свое существование.

Предохранение всех связей и форм представляет собой непрерывное созидание. *AC 4822*

То, что вселенная состоит из бесконечных вариаций пользы, созданных мудростью и побуждаемых любовью, может как в зеркале наблюдаться каждым мудрым человеком, в том случае, если он адекватно воспринимает обобщенную вселенскую идею, и рассматривает её особенности в данном свете. *TCR 4*

Эта сотворенная Вселенная не является Богом, хотя она и происходит от Него, но неким образом отделена от Него, с целью чтобы Он мог пребывать в ней.

Бесконечное не может исходить из конечного. Тем не менее бесконечное может действовать . . . . через конечное. С другой стороны, конечное не может действовать исходя из бесконечного, и будет противоречием утверждать, что это возможно. Однако, конечное может быть создано из бесконечного, но этот процесс является творением, а не процессом. *DP 219(2)*

Каждый сотворенный объект, по признакам своего естества таков, что может воспринимать от Бога, но только не беспрерывно, а через соприкосновение. Только через последнее, а никак не через первое, возможна эта связь. Это и есть согласие, сотворенное Богом в Боге. И будучи созданным таким образом, представляя собой аналогию, эта связь является как бы зеркальным отражением Бога. *DLW 56*

Результатом творения является вселенная, полностью состоящая из взаимосвязанных (коогерентных) частей.

Порядок является таковым, что один объект существует ради другого, и что этот последний зависит от первого так, как зависят друг от друга звенья одной цепи. *CL 85*

От начала и до конца, вселенная является коогерентным механизмом, так как это работа с результатом, причиной и следствием, состоящими в неразрывной цепной зависимости. Поскольку целью всего сущего является любовь, и, поскольку в любой мудрости заложено стремление к этой цели через непосредственные причины, ведущие к приносящим пользу следствиям, то из этого следует, что вселенная представляет собой всеобъемлющую деятельность Божественной Любви, Божественной Мудрости и всевозможной пользы; следовательно данный механизм полностью коогерентен, от самых первоначальных и до конечных объектов. *TCR 47*

36

Божественное Человечество

Наиболее завершенной, универсальной и совершенной формой божественной манифестации является, по терминологии Сведенборга, Вселенский Человек (Maximus Homo). Этот концепт отчасти связан с перво-человеком в Индуизме, и с Адамом Кадмоном в еврейской Каббале. В представлении Сведенборга, и позднее Блейка, Вселенский Человек является как бы зеркалом, в котором Господь может быть отражен как сама сущность совершенства человечества.

Само Бесконечное, возвышающееся над всеми небесами и над внутренней сокровенной сущностью человека, не может проявляться иначе, чем через Вселенского Человека, который существует в единстве с Господом. Коммуникация бесконечного с конечным совершенно невозможна посредством иного источника кроме этого. *AC 1988(2)*

Сведенборг настаивает на том, насколько опасно для конечного разума, пытаться постичь Господа и налаживать свои отношения с Ним, иначе чем через Его Вселенского Человека.

До тех пор, пока сформированное представление о Боге не будет таково, что Он является первичной Субстанцией и Формой, и что Его форма воистину является Человеческой Формой, умы людей будут с готовностью изобретать себе расплывчатые, фантастические идеи относительно Сущности Бога, происхождения человека и сотворения мира. Они будут представлять Господа как природу в её первичных принципах, как пространство вселенной, или просто как пустую выдумку. *TCR 20*

Во всех существующих Небесах нет иной идеи Бога, чем идея Человека. Причина этого в том, что небеса, и в целом и в частях своих, сотворены по форме сходной с Человеком, и Божественное, которое с ангелами, составляет небеса. По этой причине, восприятие ангелами Бога каким либо иным путем является невозможным. *DLW 11*

Человеческий союз с Господом не является союзом с Его высшей Божественной Сущностью, но с Его Вселенским Человеком; ибо люди не могут иметь представления о Господнем высшем Божественном, которое так трансцендентно в своей идее, что всё растворяется и остается ничто; но они вполне способны представлять Его Вселенского Человека. Ибо каждый соединен мыслями и чувствами с тем, о котором он имеет собственную идею, но никто не может быть соединен с чем либо другим, о котором он не имеет ни малейшего представления. *АС 4211(2)*

Каждое индивидуальное человеческое существо, являясь всего лишь конечным, способно отражать только один аспект Божественного Человека, тогда как ангельские небеса взятые в целости, потенциально генерируют этого Божественного Человека во всей его бесконечности.

Причина, по которой люди не могут понять, как Создатель вселенной может существовать в человеке (его формой), заключается в том, что люди формируют свои идеи о вселенной из концепта пространства. Такое мнение не приближает людей к Богу, если только оно не находится в соответствии с идеей Божественного Продолжения. *Athanasius Creed 120*

Такое важное место занимают людские представления об этой форме Божественного (Вселенского) Человека, что это даже решает их конечную судьбу.

Для всех предназначены в небесах места, соответствующие концепции их веры о Господнем Божественном Человеке. *DD 19*

Дух (Божественное Продолжение)

Между тем как 'Вселенский Человек' определяет вечно возрождающуюся форму Божественного, 'Дух' или 'Божественное Продолжение' определяет динамический аспект излучающей сферы, действие или активность.

Святой Дух является устремленной Божественной силой, тогда как Божественная Истина учит, реформирует, вдыхает жизнь. *Can 17*

Божественное, называемое Святым Духом, исходит от Самого Господа посредством Его Человеческого. Это может быть сравнимо с тем, что исходит от человека тогда, когда он учит и действует душой при посредстве своего тела. *Can 32*

38

Бесконечное и Вечное сами в Себе являются Самим Божественным, или Сущностью Господней; но Сущность Бесконечного и Вечного является Божественным Деянием. Это означает, что Господь в других создан по своей Сущности, как в людях так и в ангелах; и это Божественное является тем же Божественным Провидением. *DP 55*

Таким образом, существует три аспекта Божественного. Божественное, именуемое Отцом, является Божественным Бытием (esse); Божественный Человек, называемый Сыном, представляет собой Божественную Манифестацию (existere) этого Бытия; и Божественное, называемое Святым Духом, является Божественным Производителем Божественной Манифестации и Божественного Бытия. Данное триединство есть Господь на небесах. *AE 1111(4)*

То же самое триединство существует в конечном сотворении человека или ангела.

Небесный Ангел триедин, и таким образом является единым. Сущность (esse) ангела зовется его душой, его бытие (existere) зовется его телом, и деяния, производящиеся ими обоими, называется его жизненной сферой, без которой у ангела нет ни бытия, ни сущности. Именно благодаря этому триединству, ангел являет образ Божий и зовется сыном Божьим, а также и наследником, что в действительности является богом. *AE 1111(3)*

Триединство

Теперь становится ясным то, что представляет собой триединство в Божественном - невидимый Источник или Душа - Суть Божественное; видимая (или телесная) манифестация этого Источника - Божественный Человек; и струящая вовне, излучаемая энергия - Божественный Дух. В отношении Господа Иисуса Христа это представляет Триединство Отца, Сына и Святого Духа; и Сведенборг неустанно поясняет, насколько неверно рассматривать Троицу во множественном числе, тогда как по сути своей Троица являет Единство.

Когда говорится, что Отец, Сын и Святой Дух являются тремя составляющими единого Бога, как душа, тело и действенность в человеке, человеческому разуму это представляется так, как будто бы эти три сущности представляли собой три отдельные Личности, что невозможно. Но когда это понимается, как Божественное Отца, учреждающее душу, и Божественность Сына, который в свою очередь учреждает тело, и Божественность Духа Святого, или Божественная Деятельность, которая учреждает действие, и эти составляющие являются тремя сущностями единого Бога, данное утверждение становится понятным. *TCR 168*

Сведенборг часто подчеркивает опасность ограничения духовной проницательности направлением собственной мысли на отдельных индивидуумов.

Ангелы, в силу своей духовности, говорят и мыслят абстрактно в отношении подобных предметов, и поэтому они разумны и мудры; ибо мысли о конкретном человеке или месте ограничивают мысль, связывая её по рукам и ногам тем самым объектом или обстоятельством, таким образом ограничивая мышление. Этот образ мышления совершенно естественен в случаях, когда идея существует вне персоны и места, т.е. простирается в небесах во всех направлениях, и не является каким-либо образом ограниченной единственно зрением, рассматривающим небо без мешающих ему объектов; таковая мысль является истинно духовной. *AE 405(2)*

В духовном мире, или в небесах, не индивидуальные, а духовные объекты являются предметами размышления. Ибо всё личное ограничивает мышление и направляет его на нечто конечное; тогда как духовные объекты не ограничивают и не фокусируют мышление на чем либо, но расширяют его до бесконечности, и далее до самого Господа. *AC 5225*

По образу духовного мышления, человек уже не представляет собой личность, но пользу. Это оттого, что духовное мышление исключает концепцию индивидуальности, как идею основанную на материи, пространстве и времени. И, вследствие этого, когда один обнаружит другого в небесах, он примет его за человека, но будет мыслить о нем как о пользе. *DL 13(3)*

Это триединство накладывает отпечаток на все существующие формы творения (отражающие свой Источник) как сущность, форму и излучающую сферу или действие. Каждый совершаемый нами поступок включает в себя стимул, идею и действие. Можно сказать, что все три аспекта характеризуют человека как духа: его волю - как посредника стимула;

40

его понимание - как посредника мысли; и его телесное движение - как посредника действия.

В каждом Божественном труде есть первое, среднее и последнее; первое проходит через среднее к последнему, и таким образом существует и сохраняет себя, из этого следует то, что последнее является основанием первого. И опять же, первое пребывает в среднем, и посредством среднего существует в последнем, и таким образом последнее является сосудом. И поскольку последнее является вместилищем и основанием, оно также является опорой. Это станет ясным из понимания того, что все трое могут быть названы целью, причиной и следствием; а также бытием, становлением и существованием: цель - это бытие, причина - это становление, и следствие - это существование. Соответственно, во всём том, что завершено, пребывает триединство, названное первым, средним и последним; а также цель, причина и следствие; и также бытие, становление и существование. *DCC 27-28*

Божественная Троица существует в одном Божественном Лице, или в Божественном Человеке, которого Сведенборг называл - Господь.

Единство, которым является Троица, или единый Бог, в котором существуют три составляющие, не прибывает ни в Божественном, называемом Отцом, ни в Божественном, называемом Святым Духом, но в Господе едином; ибо только в Господе пребывает троичность - Божественное, называемое Отцом, Божественный Человек, называемый Сыном, и Божественная Деятельность, называемая Святым Духом. И это триединство есть Единство, так как оно пребывает в одном Лице, именуемом Троицей. *AE 1106*

Само по себе Единое Божественное невозможно без присутствия этой троичности; это триединство состоит из esse, existere, и деятельности, ибо esse (сущность) нуждается в существовании, и, так как оно существует, ему должно создавать, и эта троичность является и единой по сущности, и единой в Лике своём, и она есть Бог . . . *AE 1111(3)*

3

ЕСТЕСТВО ЧЕЛОВЕКА

Из чего же созданы человек и этот мир - из Божественного, из некоей первичной материи, или из пустоты? Последней точке зрения, в её наипростейшей форме, Сведенборг уделяет мало внимания.

Говорят, что мир во всей своей многогранности, был сформирован из пустоты, и из этого ничто зародилась идея абсолютной пустоты. Тем не менее, ничто не может существовать в абсолютной пустоте, и так же, ничто не способно быть создано из ничего. Это является непреложной истиной. Следовательно, вселенная, как образ Божий, и, оттого наполненная Божьим присутствием, может быть сотворена единственно в Боге и от Бога... Хотя то, что сотворено в Боге и от Бога, не является Его продолжением. Это потому, что Бог является Бытием в самом Себе, а в созданных Им объектах отсутствует его Бытиё в самом Себе. Если бы во всем сотворенном присутствовало бы что-либо из его Бытия в самом Себе, это бы являлось продолжением от Бога, а то, что является продолжением от Бога есть Сам Бог. *DLW 55*

Иная возможность, упоминаемая и Платоном и Библейской притчей о Сотворении Мира, состоит в том, что человек был создан из при-существующей материальной субстанции (праха земного). Интерпретация Сведенборга отличается от данной версии определением этой материальной субстанции как непрерывной эманации, или духовной оболочки Божественного, облачения существенно отличающегося от самого Божественного.

43

Природа была создана дабы дать возможность облачения духовного в формы, которые могли бы приносить пользу. *AE 1207(3)*

Ни в субстанциях, ни в материалах, из которых сформирована земля, нет ничего от Божественной Сущности, хотя они и происходят от самой Божественной Сущности. *DLW 305*

Господь создал вселенную для того, чтобы в ней могли существовать бесконечные и вечные создания от Него Самого. *DP 202*

Но никто не может быть сотворен непосредственно от Нерукотворного, Бесконечного, Самосущего и Жизнесущего, потому что само Божественное является единым и неделимым, так что все сотворенное должно быть сформировано... таким образом, чтобы Божественное могло пребывать в нем. Оттого что люди и ангелы именно таковы, они и являются рецепторами жизни. *DLW 4*

Иными, словами, все сотворенные формы, включая человека, происходящие от Божественного, взятые сами по себе, не Божественны, хотя полностью зависимы от Божественного в каждый момент их существования. Божественное, как Созидатель, пребывает не вне сотворенных форм, а внутри их. Таким образом человек создан чтобы стать 'местом пребывания Бога' и принимать качества Божественной жизни, как будто бы эти качества принадлежали ему самому.

Всеохватывающей целью, то есть целью создания всех объектов творения, является возможность вечного слияния Творца с созданной Им вселенной. А это возможно, не иначе как при наличии емкостей, которые Его Божественное могло бы заполнять Своей Сущностью; той емкостью, коей было бы возможно придерживаться, чтобы продолжить Своё существование. Эти самые емкости, вместилища Его пребывания и обители, должны, как бы по собственной воле, стать в сущности приемниками Его Любви и Мудрости, и, таким образом, их собственная воля приподнимет их из самих себя, приблизит к Творцу своему, и объединит их с Ним. Никакое объединение не является возможным без данного порядка взаимности. *DLW 170*

Итак, человек создан чем-то вроде сосуда, через которую Бытие манифестирует себя специфическим образом. Человек не является сущностью Любви, а потенциальным генератором конечной фазы Любви, получае-

44

мой из Божественного Источника. В этом смысле человек является отражением своего Создателя, в намного более превосходящем и завершенном виде, чем все остальные формы создания, такие, как   минералы, растительность и животное царство.

Любовь является самой жизнью человеческой. *DLW 1*

Троичный Фокус Любви в Человеке

Постепенно человек узнает, что любовь его может тяготеть, или стремится, в сторону объектов трех видов: своего Источника созидания (Бога), Божьих созданий, особенно в сторону рода человеческого, и в направлении себя самого. Соответственно, Сведенборг называет это любовью к Господу, любовью к ближнему или милосердием, и любовью к самому себе. Здесь Сведенборг прибегает к терминологии, основанной на внешних факторах - на очевидном обособлении себя, других людей и Бога. Однако, мы будем глубоко заблуждаться, употребляя эти термины, если не примем во внимание его предупреждение об опасности личностного мышления, вместо мышления, основанного на качестве присутствия добра в личности. Это становится яснее, когда мы обнаруживаем, что Сведенборг прибавляет четвертый род любви - любви к мирскому, и классифицирует её, в сочетании с любовью к себе, как зло.

Любовь к мирскому управляет человеком, а именно: человек пребывает в любви к мирскому в том случае, когда он мыслит, стремится и действует только ради выгоды, не заботясь о том наносит ли он вред своему ближнему и обществу, или нет. *AC 7373*

Эти две любви, любовь к себе и любовь к мирскому, являют собой то, что создает в человеке ад. Так как только в аду, этим двум нравится управлять. *AC 7376*

Известно то, что зло имеет двойное происхождение; а именно: любовь к себе и любовь к мирскому. Те, кто пребывает во зле по причине любви к себе, любят только себя, и презирают всех остальных, за исключением тех, кто составляет с ними общность - в любви к которым, они любят не их, а самих себя, так как они видят в них исключительно самих себя. Такого рода зло является самым худшим; ибо те, кто пребывают в нем, не только презирают других в сравнении с собой, но также преследуют их клеветой, ибо малейший повод вызывает в них ненависть по отношению к другим, и затем, они сами вынуждены дышать этой разрушительной атмосферой. Таким образом, месть и жестокость становятся наслаждением их жизни. Те, кто пребывают во зле этой любви, находятся в аду на такой глубине, которая будет соответствовать глубине и охвату данной любви. Но те, кто находятся во зле от мирской любви, также не считаются со своим ближним, оценивая его исключительно по состоянию его богатства, а не по его качествам. Они хотят обладать всем тем, что принадлежит ближнему, и, пребывая в такой алчности, не обладают ни состраданием, ни милосердием; так как лишение ближнего принадлежащего ему имущества является удовольствием в их жизни. Особенно это характерно для тех, кто корыстен и жаден, кто любит золото и серебро ради их самих, а не ради пользы, на которую их можно было бы израсходовать. *АС 8318(2,3)*

Существуют две основные формы любви, а именно: небесная, духовная любовь (образец Божественной любви) и её противоположность - адское желание удовлетворить самого себя, не делясь с другими. Истинная или настоящая любовь может открыть две стороны - любовь Бога (Господа) и любовь ближнего, обе из которых предполагают осознание добра и жизнь в нем. Когда это добро сосредоточено на конкретном человеке, это зовется любовью к ближнему, небесной любовью или милосердием; а когда же помыслы добра сосредоточены как бы только на Божественном, это зовется любовью к Господу или духовной любовью. Любовь этих двух качеств является противоположностью адской любви - мирской любви и любви самого себя.

Любовь к себе отнимает у других, подгребает под себя всё хорошее и присваивает это себе. Это потому, что она желает блага исключительно себе самой, в то время как мирская любовь стремится владеть всем тем что принадлежит ближним. Вследствие этого, обе эти любви разрушают всё то положительное, что принадлежит другим. *НН 399*

Из вышестоящих определений становится ясно, что здесь Сведенборг ссылается не на духовную здравую любовь к Божественному, Высшей Сущности в человеке принадлежащей одному Богу (см. гл.4, стр.8), а на любовь как эгоистическое беспокойство о самом себе, о единице отделенной от Бога, от других, от всего; на любовь в которой кроется множество отрицательных и деструктивных состояний.

Злодеяния исходят от тех, кто любя себя, в общем и целом презирают других, завидуют им и враждебны к тем, кто их не предпочитает, и действуют агрессивно на этой почве; ненависть различных видов, месть, хитрость, предательство, безжалостность и жестокость. Там, где присутствует такое зло, существует также и отрицание Божественного и Божественных вещей, а именно, добра и Церковных истин; даже если эти вещи и почитаются, то только устами, но не сердцем. *HD 75*

Как же различны по своим качествам Любовь к Господу и любовь к ближнему!

Любовь к Господу собирает в единое человека и Господа, то есть приравнивает их друг к другу; милосердие или любовь к ближнему так же объединяет с Ним, но только по образу и подобию. Образ это не одно и то же что схожесть, но то, которое близко схожести. *АС 1013(3)*

Человек, который пребывает в любви к Господу и в милосердии по отношению к ближнему, представляет собой малые небеса. *АС 3691(3)*

Эта любовь к Господу и любовь к ближнему, составляющая в них всю их интеллигентность и мудрость, может появиться у тех, кто в мире не чужд этой любви. Когда в другой жизни они попадают на небеса, то являются сведущими и мудрыми в тех вещах, которые они до этого и представить себе не могли; более того, подобно всем ангелам, они размышляют и рассуждают о неслыханном и неведомом им ранее, а именно о том, чего нельзя выразить в словах. *АС 7750(3)*

Несмотря на то, что эти две любви могут казаться независимыми одна от другой в человеке, по сущности одна должна заключаться в другой. Любовь к Господу невозможно отделить от любви к ближнему, ибо Господня Любовь направлена на весь род человеческий, которому Он желает вечного спасения и полного соединения с Самим Собой, так чтобы ни один из них не был потерян. Таким образом, всякий кто любит Господа, обладает Господней любовью, и потому не может не любить своего ближнего. *АС 2023*

Любовь к Господу является универсальной любовью, которая последовательно пронизывает всё до мельчайших деталей. *TCR 416*

Любовь к Господу включает в себя и любовь к ближнему, ибо любовь к Господу исходит от Господа, то есть из самой любви ко всему роду человеческому. Пребывать в любви к Господу является тем же самым, что пребывать в Господе; а тот, кто пребывает в Господе, должен неизбежно пребывать в Его любви, направленной на весь род человеческий, и следовательно, на своего ближнего. *AC 2227*

Как будто бы

Простое выражение 'как будто бы' стоит того, чтобы уделить ему должное внимание, так как оно касается самой сути тайны сотворения человека и его отношения к Богу. Используя это выражение, Сведенборгу удается пролить свет на загадку этого существенного соотношения.

Это является невозможным для Господа пребывать ни в каком-либо ангеле, ни в человеке, до тех пор пока тот, в ком пребывает Господь со всей своей любовью и мудростью, не осознает и сам не ощутит их присутствия так, как будто бы они были его собственными. Посредством этого Господь не только воспринимается, но и, будучи так воспринятым, он пребывает в человеке или ангеле взаимно любимым. *DLW 115*

Каждый ангел обладает и свободой, и рациональностью. Эти два качества делают его способным принимать любовь и мудрость от Господа; хотя оба эти качества, как свобода, так и рациональность, не являются его собственными, а принадлежат Господу, а не ему самому. Но поскольку оба эти качества тесно увязаны с его жизнью, то они, вследствие этого, представляются ему как будто бы его собственными. Посредством их, он способен и мыслить и желать, и говорить и действовать. И то что он думает, желает, говорит и делает от них, кажется ему как будто бы исходящим из него самого. Это причина взаимодействия, порождающая связь Бога и ангела. *DLW 116*

Чем более тесно человек соединяется с Господом, тем более четко он представляется себе хозяином самого себя, хотя, одновременно с этим, он всё более ясно осознает, что принадлежит Господу. *DP 42*

Свобода Воли (Свобода и Рациональность)

Наличие у человека свободы и рациональности, является основным постулатом учения Сведенборга. На этом основании каждый человек имеет возможность в конце концов воссоединиться с Богом в любви, не теряя при этом чувства своей индивидуальности. Быть человеком в подлинном смысле слова, означает иметь свободу мышления и рациональности выбора.

Каждый владеет тем, что есть истинно человеческое, от рациональности в том, что он способен увидеть и узнать, если он того пожелает, признавать истину и добро, а также то, чего он может достичь свободой воли, мышле-нием, способностью облекать свои мысли в слова и действия. *DP 227(5)*

В этом заложен ключ к тому, как Бог может пребывать в человеке, хотя, в то же время, человек может и отличаться от Бога, и пребывать с Ним в единстве.

Свобода неотделима от самой жизни; ибо без личной свободы человек не сможет чувствовать и воспринимать того, что он живет как бы сам по себе, это ощущается и воспринимается путём свободы. Именно от того, что это проявляется в человеке через свободу, где каждое движение жизни является его собственным и принадлежит лишь ему самому, свобода является движущей силой мышления, воли, речи, и действия из глубин человеческой сущности, в данном случае, как бы от самого себя. Вместе с жизнью, человек одарен свободой; она никогда не отнимается у него; так как в той мере в коей свобода была бы отобрана или ограничена, человек смог бы ощутить это, и вывести заключение, что он живет не сам по себе, а что некто иной живет в нем самом, управляя им. *AE 1138(3)*

Зло и его Происхождение

Зло было уже описано выше как любовь к себе и любовь к мирскому. Эти качества жизни не имеют обособленного происхождения, а являются извращением единства Божественной жизни или любви, в то время как оно протекает через человеческие существа, наделенные свободой воли.

Любовь к себе, не дает другим ничего, кроме ограничения и подавления всех удовольствий и счастья. Радость, получаемую от других, они забирают себе, сосредотачиваясь на себе, и тем самым загрязняют эту радость, превращая её в нечто себе самому потребное, тем самым предотвращая её от дальнейшего распространения. Поступая таким образом, они разрушают всякую дружбу и единодушие, внося таким образом разногласие и последующий распад. *AC 2057(3)*

Любовь к себе называется любовью, но по сущности своей она является ненавистью; ибо она не любит никого кроме себя, и не хочет объединяться ни с кем другим во имя их блага, а только ради личной выгоды. *TCR 45*

Эта негативная форма любви, концентрируемая единственно вокруг личных интересов человека, путём исключения всех остальных, проистекает от состояния сознания, названного Сведенборгом по латыни 'proprium', что по значению сходно с более современным термином 'эго' или 'самодостаточность'.

Проприум или Самодостаточность

Proprium является производным от латинского наречия 'proprius', означающего то, 'что родственно или принадлежит к самому себе'. Для Сведенборга 'proprium' означает чувство, или осознание самого себя, как обособленного самодостаточного индивидуума с разумом и телом, полностью отделенными от Господа, других людей и всего остального созданного. Так как это представление, несмотря на всю его кажущуюся реальность, в действительности является иллюзорным, можно утверждать, что проприума, или самодостаточности, не существует в действительности.

Посредством ощущения самодостаточности никто ничего не может воспринять, кроме того, что живет он сам по себе, и соответственно верит в то, что и его мышление, и воля, исходят исключительно от него самого. *DP 308*

Фраза 'быть присущим человеку' означает внедриться в его жизнь, стать его частью, и таким образом, являться его принадлежностью. Однако, мы убеждаемся в том, что в действительности, у человека нет ничего собственного - ему как бы это только кажется. *DP 78*

Следовательно, когда мы чувствуем себя только таким образом, мы склонны к беспокойству за самих себя и за свое личное благосостояние; тогда мы концентрируемся лишь на себе и ведем себя эгоистично. Мы не думаем о Боге и не считаемся с людьми, с их чувствами и нуждами. И в этом негативном состоянии мы становимся открытыми всякого рода злу, сопровождающему такое состояние, и закрыты для всего доброго и истинного.

Что такое Проприум? Ощущение самодостаточности человека состоит из всевозможных зол и фальши, которые вытекают из любви к себе и из мирской любви. Результатом является то, что люди не верят ни в Бога, ни в Слово, а только в самих себя; и им кажется что то, чего они неспособны объять, используя доказательства разума или реальные факты, не существует вообще. Таким образом они скатываются в ничто иное, как во зло и фальшь, и переворачивают всё с ног на голову. Зло они принимают за добро, добро за зло; то, что лживо, считают истинным, а то, что истинно - ложью. Реальное они почитают за ничто, а ничтожное видится им реальностью. Ненависть они считают любовью, непроглядную тьму - светом, смерть - жизнью, и так далее. *AC 210*

Когда человек смотрит на себя через делаемое им добро, он погружается в проприум, то есть в свое наследственное зло; это происходит оттого, что он смотрит сквозь добро и видит себя самого... и поэтому он представляет себя в виде добра, вместо добра в образе Божественного. *HH 558a*

Поскольку наличие самодостаточности в человеке, или в ангеле, является существенной целью Божественной Любви, т.е. союза, осуществляемого без потери индивидуальности, и в то же время непосредственно приводящего ко злу, Сведенборг часто использует термин 'небесный проприум' для описания нашего явного ощущения отделённости, которое, тем не менее, не приводит нас к отрицанию реальности нашей постоянной связи с Божественным.

Причина, по которой жизнь человека представляется ему как

собственная принадлежность, заключается в том, что Господь из Божественной Любви хочет одарить человека, и присоединить к нему всё то, что принадлежит Ему, и, насколько возможно, слить всё это в одно целое. Этот проприум даден от Господа и называется он 'небесным проприумом'. *AC 8497*

Что же касается проприума вообще, то он бывает двух родов: первый - адский проприум, второй - небесный. Адский проприум причитается человеку из ада, небесный - с неба, то есть от Господа, при посредстве Небес. *AC 3812(2)*

Существуют две вещи, от которых освобождают всех поступающих на небеса, а именно: их проприум (эго) и, следовательно, самодостаточность, личные достижения или собственная праведность; и они облекаются небесным проприумом, который от Господа, вместе с Господней праведностью, и чем более они облекают Себя в это, тем дальше они продвигаются внутрь Небес. *AC 4007(4)*

Природа этого (небесного) проприума является таковой, что ангелы ясно ощущают, что их жизнь от Господа, хотя когда они не думают на эту тему, то и не имеют никакого представления кроме того, что живут не иначе как сами по себе. *AC 155*

Заблуждение (Иллюзия)

Как мы себе можем представить из вышеуказанного, субъективное чувство обособленности (самодостаточности), на самом деле иллюзорно или ошибочно, и является всего лишь представлением, а не реальностью.

Заблуждение представляет собой инверсию порядка, скорее суждение по взгляду, чем по рассудку; заключение, выводимое по иллюзорному проявлению вещей, а не по их сущности. *AE 1215(4)*

Предметы, существующие в мире и над миром, кажутся иными, чем они являются в действительности, это оттого что они иллюзорны, . . . например, существует заблуждение относительно жизни человеческой, а именно то, что она принадлежит телу, тогда как она принадлежит духу пребывающему в теле. Заблуждение состоит в том, что зрение принадлежит глазу, слух - уху, и речь - языку и рту, тогда как это дух, который видит, слышит и говорит при

52

посредстве телесных органов. Заблуждение состоит в мысли, что жизнь всегда принадлежит человеку, тогда как она лишь вливается в него. Заблуждение это то, что душа не может приобретать форму человека и иметь человеческие чувства и привязанности. Заблуждение относительно неба и ада, т.е. то, что первое над человеком, а второе под ним, хотя, на самом деле, оба они находятся внутри человека. Заблуждение о том, что поверхностные объекты проникают во внутреннее, тогда как внешнее не имеет никакой возможности проникнуть во внутреннее. Хотя на самом деле, то что внутренне, способно проникнуть во внешнее. Заблуждение в том, что не может быть иной жизни после смерти, кроме как совместно с материальным телом. *AC 6948*

Всё, что исходит от Божественного (т.е. от Господа) реально, потому что это исходит от жизненной сути вещей, от сущности самой жизни, но всё, исходящее от духа самодостаточности, не является реальным, так как не происходит ни от бытия вещей, и ни от сущности жизни. *AC 4623*

Заблуждения, которыми обманывается человек, проистекают главным образом оттого, что он не ведает того, что и его свобода, и способность действовать как бы от самого себя, на самом деле являются результатами потока жизни, снисходящего от Господа в самую сущность человека, и что этот поток (influx) он принимает потому, что он рожден человеком и одарен той сущностью, которую у него никто не сможет отнять. *AE 1148(3)*

Каким же именно образом проприум влияет на наше понимание духовных предметов?

Тот, кто мыслит из заблуждения, не понимает следующего:

1) Что после смерти человек может выглядеть подобно человеку; что он способен наслаждаться своими ощущениями как и прежде, таким образом, что и ангелы, которые тоже одарены этими самыми ощущениями. Такие люди думают:

2) Что душа это нечто живое, что-то совершенно эфемерное, о чем невозможно составить себе какого-либо представления

3) Что единственно тело способно чувствовать, видеть и

слышать

4) Что человек подобен животному, отличие которого состоит в том, что он может осмысленно рассуждать

5) Что природа являет всё, и что она является первоисточником, из коего происходит всё остальное сущее

6) Что человек ознакомляется с мышлением, и учится думать, посредством влияния (influx) внутренней природы и её организационного порядка

7) Что духовное не существует, а если и существует, то в более очищенном виде

8) Что человека не может радовать ничто хорошее, если он лишен наслаждения славой, почестями или прибылью

9) Что совесть является лишь недугом разума, и проистекает от немощи тела и нехватки успеха

10) Что Господня Божественная Любовь есть не что иное, как любовь к славе

11) Что Провидения вообще не существует, а что всё проистекает от собственного здравого смысла и собственного разума

12) Что почести и богатство и являются настоящим благословением, дарованным Богом, не говоря ещё и о других подобных благах.

HD 53

Человек одарен природной способностью суждения. Даже эта его положительная способность может вводить в заблуждение его чувства.

Рациональное в человеке - то есть рациональное мышление, сформированное по образцу всего мирского, поступающего через органы чувств, а позднее через образы вещей, аналогичных каждодневным мирским потребностям, т.е. полученных изучением фактов и сделанными из них выводами - воспримет с насмешкой, если кто-то скажет ему, что он не существует сам по себе, а ему это только так кажется. И точно также человек будет насмехаться, если ему будет сказано, что чем меньше кто-либо верит в то, что живет сам по себе, тем более истинно он живет, и тем более он мудр и разумен, и более благословенен и счастлив. И так же рациональному человеку будет смешно, если он услышит, что жизнь это то, чем владеют ангелы, в особенности те, которые небесные, и те, кто наиболее внутренне приближен к Богу; так как они знают, что никто кроме одного Иеговы, то есть Господа, не живет Сам по Себе.

Этот рационалист будет иронически хмыкать, если ему будет сказано, что у него нет ничего собственного, и что иметь нечто собственное, является иллюзией или заблуждением. Еще более странным ему покажется, если ему сказать, что чем более ему кажется, что он чем-либо обладает, тем менее он обладает этим на деле, и наоборот. Также ему покажется комичным, если он услышит, что его мысли и деяния от самого себя, являются злом, даже если результатом этого будет добро. И если он услышит, что он не достигнет мудрости до тех пор, пока не поверит в то, и сам в этом не убедится, что всё зло исходит от ада, а всё добро от Господа.

Эта убежденность, приятие без всякого сомнения, существует во всех ангелах, хотя они тоже обладают проприумом, или самодостаточностью, в большей степени чем все остальные. Но они понимают и принимают тот факт, что их самодостаточность происходит от Бога, даже в том случае, когда она кажется им совершенно их собственной.

Этот рационалист будет опять же саркастичен, если ему скажут, что на небесах велик тот, кто мал на земле; что мудрейшим является тот, кто уверен в том, что он наименее мудр; что наиболее счастливы те, кто желает наибольшего счастья другим и наименьшего себе; что небеса состоят из желания быть ниже всех других мест, а ад из желания быть выше всех. Из этого следует, что небесное торжество не содержит в себе ничего такого, что представляет собой мирское торжество.

Этот рациональный мыслитель также будет глумиться тогда, когда ему будет сказано, что в грядущем жизненном пространстве и времени не будет ничего кроме состояний, в соответствии с которыми будет осуществляться видимость пространства и времени, и что жизнь станет более небесной настолько, насколько она отдалится от предметов, принадлежащих пространству и времени, и чем более она приблизится к тому что вечно, - так как то, что вечно, не содержит в себе абсолютно ничего такого, что проистекает от идеи времени, или чего-либо аналогичного этому. *AC2654(3-6)*

Ложь

Убеждение, что человек отделен от Бога, фактически ошибочно. По причине этой ошибки и возникает ложное состояние.

Все эти ошибки, которые поддерживают в человеке склонность ко злу и примитивности, происходят от укоренившихся ложных представлений. Пока представления остаются представлениями, они создают видимость истин, согласно которым каждый может и мыслить и рассуждать. Но как только все остальные начинают принимать их за истины, что происходит тогда, когда эти истины подтверждаются и в них все верят, тогда явные истины оборачиваются фальшью и обманом. *DLW 108*

Чувство Вины

Решение верить в кажущуюся собственную автономность отдаляет нас от нашего собственного источника, Бога, порождает в нас чувство вины и стыда, или просто болезненного самосознания.

Однако, будет виновным тот, кто верит, что он делает всё сам по себе, будь то добро или зло, но не будет вины за тем, кто верит, что он действует как бы от себя самого. *AR 224*

Если б человек верил так, как это и есть на самом деле, в то, что всё доброе и истинное происходит от Господа, и что всё зло и фальшь от ада, его нельзя было бы обвинить ни в каком промахе, и зло не смогло бы проникнуть в него; но по той причине, что он сам верит, что всё это происходит от него самого, он сам присваивает себе зло, как результат этого своего убеждения, как следствие собственной веры; и таким образом зло прирастает к нему и уже никак не может быть отделено от него. *AC 6324*

Страх

Чувство вины порождает опасения - страх одиночества и страх перед наказанием от самого Истока, или Бога, который будучи теперь внешним, или по сути удаленным со своей центральной позиции в человеке, может видеться ему как нечто угрожающе нависающее над ним.

Те, кто пребывают во зле, менее всего боятся того, что замышляют, но   того, что они выдадут себя, так как их намерения являются ничем иным как злом по отношению к ближнему. *AC 6655*

Несомненно, страх объединяет тех, кто являет доброе расположение характера, с теми, которые являют зло; но те, кто не склонен ко злу, чувствуют внутренний страх касающийся их собственного спасения, то есть как минимум страх потенциальной потери души, если они поступят наперекор своей совести, то есть вопреки истине и добру, что по совести. Они постоянно опасаются сделать что-либо против того, что честно и справедливо, или же направлено против ближнего; но страх этот оборачивается святым страхом, в пропорции, зависящей от благотворительности, и далее, от воссоединения с Господней любовью. Страх этот затем становится подобным страху маленьких детей по отношению к родителям, которых они любят; и затем в пропорции к тому, насколько они пребывают в добре любви. Это не выказывает себя как страх, но в той же пропорции, - если они не пребывают в добре любви, - это может обернуться сильным беспокойством. Таков страх перед Богом, о котором часто упоминается в Слове.

Но для тех, кто погряз в грехе, не существует никакого внутреннего страха, ни на предмет спасения, и, следовательно, ни на предмет совести. Это происходит оттого, что такие люди совершенно отвергают существование этого рода страха в мире, как образом своей жизни, так и своими принципами, построенными на фальши: теми самыми принципами, которые способствуют им в их жизни. Вместо внутреннего страха, они испытывают страх внешний, т.е. страх лишиться почестей, прибыли или соответствующей репутации, быть наказанными по закону, или быть лишенным жизни.

Те, кто живет в грехе, опасаются вещей этого рода, покуда они пребывают в мире. Когда они переходят в другую жизнь, так как они не привыкли быть ограниченными рамками внутреннего страха, они сдерживаются внешним страхом, который накладывается на них в виде наказаний. Посредством этого, они удерживаются от совершения зла, и постепенно приобретают страх перед Божественным. Но, как было сказано, внешний страх, без какого-либо стремления прекратить свои злодеяния из любви к добру, мотивирует их боязнь наказания, что их в конце концов устрашает.
AC 7280(1,2)

Но в духовном смысле страх бесплоден.

Страх ни на что не оказывает никакого влияния. *SD 2899*

Однако всё же существует небесная или святая форма страха, которая составляет часть небесной любви, но её никак нельзя путать со страхом принадлежащим самодостаточности (proprium). Святой страх, отмеченный страхом перед Богом,... представляет собой любовь, но такую любовь, какой её испытывают маленькие дети по отношению к родителям, или брачная пара по отношению друг к другу, когда опасаются сделать что-либо, что может огорчить другого; то, что каким-либо образом может повредить обоюдной любви. *AC 8925*

Ад

Заблуждение, эгоцентризм, фальшь, гордость, вина и страх, являются некоторыми из состояний, которые вместе взятые создают основу обобщенного состояния, называемого адом.
Любовь себя самого и всего мирского, это то, что создает ад в человеке. *AC 7366*

Сам по себе, проприум человека является сущностью его ада; ибо, своим добровольным стремлением к самоутверждению, он сообщается с адом таким образом, что по сущности не желает ничего более, чем свергнуть себя прямо в ад. *AC 1049*

Ад представляет собой желание быть превыше всего. *AC 2654*

Склонность ко злу, и сознание своей фальши... это ад человека. *AC 10064*

Небеса

Царство небесное внутри нас'. Небеса также являются нашим внутренним состоянием, - но как же оно отличается от всего иного!

Небеса, т.е. бытиё ангелов, включают в себя всё благословенное и счастливое, и также то, что влияние их ощущается во всём самом сокровенном, так как проистекает от Господа посредством сокровенных предметов. В то же самое время, мудрость и интеллигентность вливаются и заполняют собой все внутренние пробелы разума, питая добро небесным огнем, а истину - небесным светом. И это сопровождается приятием такого благословения и такого счастья, которых описать невозможно. *AC 2363(2)*

Человек вступает в Небо и становится Церковью тогда, когда он живёт в добре, потому что Господь струится внутрь всего доброго, что есть в человеке, и посредством добра проникает в его искренность. Этот инфлакс (влияние) пронизывает внутреннего человека в его небесном, и через внутреннее проникает во внешнее, туда, где расположено его мирское... И поскольку небеса располагаются во внутреннем человеке, постольку, когда он открыт, человек пребывает в небесах; так как небеса не представляют собой какое-либо место, а местонахождение их во внутреннем человеке. *АС 10367*

Человек, чья нравственная жизнь духовна, заключает в себе небеса, но тот, чья нравственная жизнь всего лишь естественна, не содержат небес в себе; и по причине того, что небеса вливаются свыше и распахивают человека изнутри вовне, происходит то, что небеса через его внутреннее проникают в его внешнее... Но, тем не менее, небеса одного человека отличаются от небес другого. Это варьируется в каждом, соответственно его любви к добру, а оттого и к истине. *НН 319(2)*

Небеса это сообщество, ибо они делятся (сообщаются) всем тем что имеют, с каждым; и каждый получает всё то, что принадлежит этому сообществу. Ангел является приемником, и в силу этого свойства, малой формой небес является... человек. В той степени, в которой он принимает в себя влияние небес, он также является и приемником, и небом и ангелом. *НН 73*

Сведенборг неустанно подчеркивает потенциальность ангельских свойств в человеке.

В сущности, в отношении внутреннего состояния его разума, человек Церкви является ангелом. *DLW 118*

Человек, в котором пребывает Церковь, приравнивается к ангелу, представляющему собой небеса..., последовательно и тот, в ком присутствует добро от Господа, является ангелом-человеком. Здесь можно упомянуть, что именно человек имеет общего с ангелом, и что он имеет в дополнение к тому, что имеют ангелы. Человек схож с ангелом в том, что его внутреннее, в равной степени с ангелом, сформировано по образу небес, и что он тоже, как и ангел, в той степени, в которой он пребывает в отношении к благу любви и веры, сможет стать отражением небес. В дополнении к тому, чем обладают ангелы, у человека существуют такие свойства как то, что его внешнее сформировано по образу мирского, и насколько он пребывает в добре, настолько мирское в нем подчиняется небесам и служит им, и потому Господь присутствует в нем в обоих мирах, как если бы он находился в своих собственных небесах. *HH 57*

Господние Небеса в естественном мире называются Церковью, и ангелом этих небес является человек Церкви, который объединен с Господом; и оставляя этот мир, он превращается в ангела духовного неба. *DP 30*

4

БОЖЕСТВЕННОЕ В ЧЕЛОВЕКЕ

Мы уже убедились в том, что Сведенборг особо выделяет то, что человеческая природа должна быть таковой, чтобы человек постоянно являлся внутренним носителем Божественного, как своего собственного созидательного Источника. Какой же эффект это оказывает на самого человека?

Если бы Бог не присутствовал во всех компонентах и в любое время дня и ночи в человеческом разуме, то этот разум лопнул бы в воздухе подобно воздушному пузырю, и оба полушария мозга, где разум оперирует исходя из первичных принципов, растаяли бы подобно инею. *TCR 30(2)*

С тех пор как человек был сотворен образцом Божественного Порядка, Бог присутствует в нем; но как только человек начинает жить в соответствии с этим Божественном Порядком, Бог пребывает в нём во всей полноте. Если, однако, он не существует в соответствии с Божественным порядком, Бог всё же находится в нем, но только в наивысших областях его души, делая его способным различать, что именно является истинным, и давая ему волю к реализации того, что является добром, а именно способность осознания и склонность к любви. Но как только человек живет вопреки этому порядку, он затворяет более примитивные области своего разума или души, чем ограничивает Бога от проникновения в них и заполнения этих областей Своим присутствием; и, таким образом, Бог в человеке, но человек не в Боге. Это является общим законом на небесах, что Бог пребывает в каждом человеке, как в злом, так и в добром, но что человек не пребывает в Боге до тех пор, пока он не живет соответственно Божественному Порядку. *TCR 70*

В каждом ангеле, и также как и в каждом отдельном человеке, существует глубинная или высшая степень, или нечто наиболее сокровенное и наивысшее, то нечто, в которое Господнее Божественное струится прежде всего и наиболее полным потоком, и откуда Оно осуществляет распределение в другие внутренние предметы, следующие друг за другом согласно степеням их порядка. Эти сокровенные или высшие степени можно назвать Господними вратами к ангелу или человеку, или даже более того: Его собственным жилищем в них... Также, именно по этой причине, человек способен жить вечно. Но то, что устроено и обеспечено Господом в этом самом сокровенном, не сможет стать очевидным никакому ангелу, так как это находится выше его понимания и превосходит его мудрость. *TCR 70*

Сведенборг описывает человека, как не не имеющего жизни самому по себе. В том смысле, что на деле человек не владеет сущностью самого себя - это ему только кажется. Только Бог владеет Собой, в виде независимого Источника Жизни.
Бог являет Сущность Себя, только он Един и Первоначален, именуемый Бытием, и существующий в самом Себе, Источник всех вещей, которые существуют и продолжают существовать.... Он также раскрывает в Слове, что Он есть 'Я есмь' или Бытие, Сущность себя и Единый в Себе, и, следовательно, Первоначальный Источник всех вещей. *TCR 22*

Внутренний Источник как Солнце

Это та Само-сущность или Источник внутри человека, который на сегодняшний день определяется как внутреннее Божественное - разделяемое всеми другими существами (называемое философией Хинди - Атман). Когда глаза человека открыты духовному миру, он начинает осознавать Божественное внутри себя. Оно представляется ему солнцем на небе духовности.
Эта Само-сущность, то есть Божественное бытие, не располагается в каком-либо определенном месте, но пребывает с теми и в тех, кто занимает место, соответствующее их восприятию Её.... но так как Он не может быть воспринят никем как Им самим, являющимся Себе, Он показывается как Сам в Своей Сущности, то есть как солнце, сияющее над ангельскими небесами. *TCR 25(3,4)*

Господь является Солнцем ангельского неба, и это Солнце является глазам ангелов, когда они находятся в состоянии духовной медитации. То же самое происходит и с человеком в этом мире, когда в нем пребывает Церковь, как явление его духовному зрению. *TCR 767*

Лучи этого духовного Солнца это любовь и истина, которые соответствуют теплу и свету естественного солнца.

Солнце, которое в следующей жизни светит ангелам и универсальному небу есть Господь; и огонь здесь является Его Божественной Любовью, которая дает тепло жизни каждой живущей твари, и свет здесь являет Божественную Истину, озаряющую всех, кто принимает её... поэтому жар и свет, струящиеся от небесного Солнца называются духовными, потому что они несут в себе жизнь. Это чувство бытия, ощущаемое живыми существами от этого тепла, не происходит от жара земного солнца, а от тепла Солнца небесного. Когда это небесное тепло вливается в жар мирской, оно ощущается в теле простым теплом; но в нем содержится живительное тепло, которое ведет свое происхождение от любви, являющейся жаром небесного Солнца. *AC 8812*

Причина, по которой Солнце представляется раскаленным взгляду ангелов, заключается в том, что любовь и огонь соответствуют одно другому; и так как их взгляд не может узреть любовь, вместо неё они видят то, что является соответствием любви... Божественная Любовь даже ощущается как огонь посредством их духовности. *DLW 87*

Над ангельскими небесами располагается Солнце, которое представляет собой истинную любовь, по виду огненную, как и земное солнце; от жара, излучаемого этим Солнцем, и ангелы и люди проникаются желанием и любовью, а от его света - пониманием и мудростью; и все предметы, относящиеся к жизни, именуются здесь духовными, в то время как всё то, что проистекает от солнца мирского, является сосудом жизни, и называется естественным; более того, обширный по окружности центр жизни называется Духовным Миром и получает жизнь от своего собственного Солнца, тогда как расширенная природа, называемая Натуральным

Миром, поддерживается своим природным солнцем. *CL 380(11)*

Эта Божественная Любовь накаляется изнутри до такой силы, что некоторая степень защиты от неё всегда будет необходима. Господь, подобно Солнцу, струится в Небеса не непосредственно, а как бы постепенно темперируя, приравнивая свою любовь в процессе продвижения. Это проявляется в виде излучающихся поясов вокруг Солнца. В дополнении, ангелы окутаны подобающими тонкими облаками, с целью предохранить их от потенциальных травм, причиненных инфлаксом. *HH 120*

Посредством Солнца духовного мира, Господь проникает внутренним теплом и светом в души и умы людей. Это тепло по своей сущности является Его Божественной Любовью, а свет этот по сути является Его Божественной Мудростью; и Господь приравнивает данный свет и тепло в согласии с потенциалом восприятия ангелов и людей, и их естественными возможностями. Всё это происходит посредством духовной среды или атмосферы, которая транспортирует и передает их. Само Божественное, которое непосредственно заключает Господа, составляет это Солнце. Оно присутствует на соответствующем расстоянии от ангелов, точно так же как и солнце естественного мира от людей, иначе они тоже могут быть поглощены. *TCR 641(2)*

Сведенборг совсем не имеет в виду того, что сам Господь или Его Божественное, в действительности является Солнцем, так как в сущности солнце это представляет собой лишь видимость Божественной Сущности, или же Её соответствие. Он предупреждает:

Не разрешайте никому мыслить, что Солнце духовного мира является Самим Богом. Сам Бог есть Человек. Первоначальное, происходящее от Его Любви и Мудрости, это огненная духовная вещественность, которая предстаёт перед ангелами в виде солнца. Отсюда проистекает, что когда Господь манифестирует Самого Себя перед ангелами, Он представляется им в виде Человека, хотя иногда Он видится в Солнце, а иногда вне этого Солнца. *DLW 97*

Эти Два Мира

Эти два солнца, духовное и естественное, являются сердцевиной и центром двух миров; мира внутреннего человека и мира внешнего человека.

Существует внутренний человек и внешний человек; внутренний человек пребывает в духовном мире, а внешний в мире естественном; таким образом, первый пребывает в небесном свете, а второй в свете мирском. *АС 6055*

Внутренний человек сформирован по подобию неба, а внешний человек подобно образу мира, потому как внутренний человек представляет собой небеса в уменьшенном виде, а внешний человек являет мир в уменьшенной форме, это - микрокосм. В человеке духовный мир объединен с естественным миром таким образом, чтобы духовный мир в нем настолько живительно заполнял его естественный мир, чтоб он мог это чувствовать, если бы обратил на это свое внимание. *АС 6057*

Озарение

Из этого следует, что полное озарение человека духовной истиной и мудростью, происходит от духовного Солнца (или Высшей Сущности), которое существует внутри человека и является неким родом его внутреннего зрения.

Озарение осуществляется посредством света небесного, который струится от Господа, как от сияющего Солнца.... когда мышление озаряется этим Божественным светом, оно постигает то, что истинно и тем самым правдиво. На глубине это является признанием себя самого, видится так как это на самом деле. Таково откровение тех, которые пребывают в любви к истине от добра, когда они читают Слово. *АС 8780(2)*

Свет небес озаряет мышление, ибо этот свет является самой Божественной Истиной, которая проистекает от Господа как от солнца, и жар небес роднится с волей, потому что этот жар является благом любви, которая так же проистекает от Господа как от солнца. С того момента, когда человек оказывается среди ангелов, его понимание истины и любви к добру сообщается ему через них, то есть через ангелов, но от Господа. *АС 10330(2)*

Те, кто озарены чтением Слова, чувствуют его внутренне, ибо их внутреннее открыто, а когда внутреннее раскрывается, оно озаряется светом небесным. Этот свет проникает в человека и просвещает его, хотя человек может этого и не осознавать; так случается оттого, что этот свет озаряет познания, присущие человеческой памяти, между тем как именно эти познания представляют собой естественный свет; и оттого, что человек размышляет о них как бы сам от себя, он не может почувствовать инфлакс; несмотря на это, по многочисленным признакам, он может осознать то, что он озарен. *АС 10551(2)*

5

ПРИРОДА
БОЖЕСТВЕННОЙ МАНИФЕСТАЦИИ

Божественное само по себе невидимо, хотя из глубин своей природы Оно манифестирует самое себя, подобно тому, как это делает художник посредством своих творений. Также, как это не кажется парадоксальным, Божественное можно различить или 'узреть' через сотворенные Им формы. Каким же образом мы можем распознать это? Ответ Сведенборга на этот вопрос может быть найден в его раннем физиологическом периоде, в его ' Учении о Родах, Степенях и Соответствиях'.

Соответствие - Эффект Отражения в Природе.

Наука соответствий представляет собой одно из наиболее тщательно разработанных и часто применяемых понятий Сведенборга, и является центральным для всех его последующих работ. Используя это понятие соответствий, он демонстрирует, каким образом проявления, качества и функции конечных сотворенных форм, соответствуют духовной мысли человека, его ощущениям и пристрастиям, которые, в свою очередь, отражают аспекты Божественного начала.

Все предметы, существующие в духовном мире, могут быть различимы в мире естественном, при том условии, что человек воспринимает эти предметы сотворенными в естественном мире, но являющимися по сути зеркальным отражением мира духовного. *HH 56*

Часто, прогуливаясь по садам, и видя там деревья, фрукты, цветы и овощи, я отмечал их соответствия, параллель с небесами, и разговаривал с теми (духами), в которых они пребывали, и учился понимать, откуда они взялись и что они собой представляют. *НН 109*

Всё существующее заполнено Богом, и каждый вбирает в себя ему причитающуюся долю этого обилия. *TCR 364(3)*

Учение, или Закон Соответствий (в сочетании с 'Учением о Раздельных Уровнях' (см. следующую часть), вытекающий из его раннего философского периода, является ключевым элементом учения Сведенборга в целом. Однако, до начала его духовных экспериментов, когда понимание Сведенборга в этой области было весьма обобщенным и туманным, в его зрелой духовной фазе, ему удалось определить и дать обоснование очень многим специфическим соответствиям между различными уровнями Реальности - Божественной, небесной, психологически-духовной и материальной.

В общем и целом, сад соответствует небесам в разумности и мудрости, так что небеса зовутся садом Господним и Раем, а человек называет это раем небесным. Деревья, согласно их ботаническим видам, соответствуют восприятию и пониманию добра и истины, из которых проистекает разумение и мудрость. *НН 111*

Все живые твари земли, в общем и целом, соответствуют предпочтениям... Так например, в частности рогатый скот и его молодое поколение соответствует привязанностям природного ума, овцы и ягнята - предпочтениям духовного разума, тогда как крылатые твари, согласно их разновидностям соответствуют интеллектуальным предметам любого ума. *НН 110*

Данное соответствие (или параллель) может быть найдено в практической функции, или пользе, приносимой специфичной формой на разных уровнях.

Вселенная была сотворена и организована Божественным, и это было сделано в такой манере, чтобы везде приносить пользу, в свою очередь облаченную в такой образ, чтобы она была действенна или эффективна, сначала на небесах, а затем в мире, и это по-степенно (степенями) и последовательно сверху вниз, до самых ультимативных уровней природы. Таким образом становится очевидно, что соответствие между естественными и духовными предметами, или соответствие мирского небесному, происходит посредством принесения пользы, и что это польза, которая объединяет. И те формы, в которых заключена польза, являются соответствиями и средством к объединению. *НН 112*

Закон о параллельных соответствиях универсально применим ко всем сотворенным формам, связывая их в каждый момент с соответствующей формой на следующем, более высоком уровне, от которого они изначально происходят.

Всё, что существует в природе, от малого до великого, являет собой соответствие. Все вещи представляют собой соответствия потому, что естественный мир, со всем ему принадлежащим, ведёт свое существование, и продолжает существовать, от духовного мира, а оба мира происходят от Божественного. *НН 106*

Однако, не все сотворенные формы представляют собою искренность или добро, поскольку адские искажения духа, вносимые человеком согласно его свободной воле, существуют на духовном уровне, и порождают соответствующие вредные формации.

Добродушные и полезные создания соответствуют положительному расположению чувств, устрашающие и бесполезные соответствуют их негативному расположению. *НН 110*

Кроты и летучие мыши соответствуют тем, кто пребывает в темноте, то есть в заблуждениях, и следовательно во зле. *АС 8932(4)*

На сегодняшний день мы потеряли эту нашу инстинктивную способность, присущую людям Золотого Века, а именно - мгновенно внимать духовному и Божественному в окружающих нас природных формах. Но первоначально, человечество того Века, не имело никаких трудностей постижения духовного мира, или мира духа, заключенного в естественных формах природы.

Для прихожан наиболее древних церквей, внешние земные и мирские объекты, воспринимаемые органами чувств, не имели никакого значения. Они не находили ни малейшего удовольствия от подобных вещей, а только от того, во что сами верили и чему поклонялись. Следовательно, когда их взгляд падал на земные объекты, они не воспринимались ими как таковые, но как то, что они собой означали и представляли. Это доставляло им большее удовольствие, так как в этих объектах они видели то, что существует на небесах, и то, через которое они могли принять Самого Господа. *AC 1122*

Поскольку они были небесными, и состояли в дружеских отношениях с ангелами, то всё, что они видели или постигали своими органами чувств, было для них признаком и доказательством небесных духовных проявлений, которые существуют в Господнем царстве; таким образом они действительно могли созерцать мирские и материальные предметы воочию, или же постигать их иными органами чувств, при посредстве которых они имели возможность размышлять о небесных и духовных вещах. *AC 2896*

В жизни после смерти, видимое глазами ангела или духа окружающее, представляет собой весьма точное отражение его внутреннего духовного мира.

И поскольку Божественное существует внутри него, ангел может частично признавать себя в том, что он видит вокруг себя. В духовном мире всё распределено по трем царствам, и ангел находится в среднем. Он видит тех, кто его окружает, и также знает, что всё это является его представлениями. Воистину, когда его самое сокровенное понимание распахнуто, он видит во всём окружающем свой собственный образ ни как не иначе, чем он видит свое отражение в зеркале. *DLW 63*

Дискретные Степени

Существует постоянное соответствие между различными уровнями или порядками реальности, которые, как настойчиво подчеркивает Сведенборг, дискретно отличаются друг от друга и изолированы друг от друга по своим различиям. Это создаёт невозможность последовательного прогресса от одного уровня к следующему, как, например, повышение уровня температуры или высоты. Никакое количество знаний само по себе не смогло бы сделать кого-либо более интеллигентным или мудрым, также как никакой охват духовного понимания, не сможет сделать кого-либо более любящим. И тем не менее, вопреки их полной раздельности, формы высшего уровня существуют внутри соответствующих форм низшего уровня, являясь их духовной причиной или их первоначалом.

Наука степеней является неким ключом, отмыкающим причинность вещей и позволяющим внедрение в них. Без этого знания

70

едва ли бы было возможно определение каких либо причин; без этой науки, объекты и субъекты обоих миров представляются настолько несложными, как будто в них нет ничего такого, чего невозможно было бы охватить взглядом; тогда как в действительности, один видимый предмет содержит в себе тысячи невидимых, или даже мириады невидимых вещей, которые заключены в том, что видимо. Это внутреннее, избегающее поверхность, не может быть обнаружено иначе, чем знанием степеней. Ибо внешние вещи проникают во внутренние, и через них в самые глубины вещей, посредством степеней, но не последовательных степеней, а дискретных степенных уровней... и такие степени зовутся дискретными, так как первичное существует само по себе, последующее - также само по себе, и конечное - тоже само по себе; хотя взятые вместе, они составляют единое целое. *DLW 184*

Насколько важным стало это осознание духовных уровней для самого Сведенборга, можно составить себе представление из нижеследующего параграфа:

Без знания данных степеней, невозможно понять ни различия между тремя небесами, ни различия между любовью и мудростью ангелов на небесах, ни отличия тепла от света, в которых ангелы существуют, ни различия атмосфер, окружающих и заключающих их в себе. Опять же, без знания о данных уровнях ничего нельзя прояснить о различиях внутренних качеств человеческого разума, а также ничего о возможности его совершенствования и восстановления, ни о различиях внешних способностей тела, принадлежащего как ангелу, так и человеку. И совершенно ничего не может стать известным о различиях между духовным и естественным, и таким образом, ничего о соответствиях (т.е. параллелях). И совсем ничего невозможно узнать о различии жизни людей и животных, ни о различиях между более и менее совершенными тварями, всё ещё ничего о различиях между формами растительного царства и материалами минерального царства. Из чего может вытекать то, что те, которые не имеют знания данных степеней, не могут судить об исходных причинах вещей. Они видят только эффекты и по ним судят о причинах; и это осуществляется большей частью посредством метода индукции, которая связана с эффектами, тогда как причина порождает результат, но не последовательными рывками, а дискретно. *DLW 185*

Человек как Микрокосм и Вселенский Человек

Потенциально, человек содержит в себе и небеса, и ад - а именно, весь духовный мир. Внешняя форма его, именуемая физическим телом, является малым миром, который параллельно соответствует великому внутреннему миру, а также представляет собой его зеркальное отражение.

Внутренний человек сконструирован как зеркальное отражение неба, а внешний человек создан по образу мира, потому как внутренний человек представляет собой небеса в микроскопической форме, а внешний человек являет собой мир в микроскопической форме, таков микрокосмос. *AC 6057*

Человек определялся древними как микрокосмос, на основе того факта, что он представляет собой макрокосмос, являющийся вселенной в полном её объеме. Древние называли человека микрокосмом, или малой вселенной, и это на основе науки о соответствиях, которую большинство древних людей почитали, а также по причине их общения с небесными ангелами. *DLW 319*

Высшая или духовная область человеческого разума также являет собой небеса в миниатюре, а низшая или природная область является миром в миниатюре. По этой причине человек был назван древними микрокосмом, или малым миром, но он также может быть назван микро-уранус, или малые небеса. *TCR 604*

Сокровенный небесный мир человека, войти в который он может только частично, представляет собой великое Целое, которое Сведенборг определяет как 'Вселенский Человек'. Так как эта Великая Форма безвременна и вне-пространственна, Она является универсальной, и следовательно, может быть определена как Универсальный Человек (Вселенский Человек). Это Божественный Человек (см. Гл. 2) или Божественное Тело, интегрированной частью которого является человек.

Священное Писание как Слово

Аспекты Божественного проявляют себя через сотворенные формы. Но также и через предсказания и притчи священного писания, называемого Словом, Божественное проявляет себя посредством слов. Бог приравнивает способы откровения к среднему духовному уровню человечества данной эпохи.

Я слышал в небесах, что для большинства древних людей на этой земле, откровение приходило внезапно, и что по этой причине, у них не существовало письменного Слова; но по прошествии времени, когда внезапное откровение не могло быть более ни дано, ни получено, без опасности для их душ... Господь соблаговолил открывать Божественную истину посредством Слова, которое было построено исключительно на соответствиях, и которое содержало в себе мудрость ангелов всех трех небес. Эта мудрость не является очевидной в Слове, но тем не менее содержится в нем; и каким образом она пребывает в нем, должно объяснить вкратце.

Существуют три неба, одно под другим, и под ними находится мир. В высшем небе, ангельская мудрость достигает высшего уровня, и именуется небесной мудростью; в среднем небе ангельская мудрость достигает среднего уровня, и зовется духовной мудростью; в низшем небе ангельская мудрость пребывает на низшем уровне, и называется духовно-небесно-естественной. В мире, так как мир располагается под небесами, мудрость существует на самом низшем уровне, и зовётся естественной. Все эти уровни мудрости содержатся в Слове, которое пребывает в мире. Уровни осуществляются симультанно, т.к. последовательный порядок, на пути его нисхождения, работает симультанным образом. Подобную одновременность являет Слово в мире: в его наиболее сокровенном, подобно Солнцу, сияет Господь, от которого исходит Божественная Истина и Божественное Добро, свет и пламя излучаются и снисходят, минуя промежуточное, приближаясь к самой ультимативной границе. Последующим этой симультанности является небесное, как представляющее собой самое высшее, или третье небо, из которого местные ангелы черпают свою мудрость.

За этим следует Божественное духовное, как промежуточное или второе небо, от которого тамошние ангелы получают свою мудрость. За этим следует Божественное духовное, по аналогии со средним или вторым небом, с которого принадлежащие к нему ангелы получают свою мудрость. Всё это продолжается Божественным духовным естественным, и небесным естественным, по тому же принципу, как и в ультимативном или первом небе, с которого ангелы данного неба черпают свою мудрость. Эта ультимативная оболочка симультанности подтверждает Божественное естественное, также как это делается в мире, откуда люди черпают свою мудрость. Эта ультимативность опоясывает и объединяет, тем самым заключая в себе то, что внутри, не давая ему разлететься; и, таким образом, служит ему оболочкой. Таковым является и наше Слово в буквальном смысле, т.е. и в своем целом, и в каждой из своих отдельных частей. *DV 27*

Господь постоянно обеспечивает Своим Божественным то, что у человечества всегда будет Церковь, в которой будет раскрываться Истинно Божественное, которое на нашей земле содержится в Слове. Таким образом осуществляется непрерывная связь между человечеством и небесами. Этим способом, в каждом отдельном элементе Слова заложен внутренний, хотя по содержанию небесный, смысл; и который устроен таким образом, чтоб он мог объединять разум ангелов с разумом людей такой тесной связью, чтобы они действовали воедино. *АС 921*

Между тем как Сведенборг открывает для себя это 'Слово' во многих частях Библии, он также признает ранее существовавшие, более обобщенные записи, утерянные в их изначальной форме, которые он определяет как Древнее Слово.

У древних существовало Слово, построенное, как и наше Слово, исключительно на соответствиях; хотя впоследствии на земле оно было утеряно, так рассказывали мне ангелы третьего неба. Они также поведали, что это Слово до сих пор хранится у них, и что оно употребляется на этом небе теми древними, которые пользовались этим Словом находясь в мире. Эти древние, которые всё еще используют это Слово, ведут своё происхождение из земли Ханаанской и её пограничных областей, а также из неких царств Азии, Сирии, Месопотамии, Аравии, Халдеи, Ассирии, Египта, Тира и Сидона.... Это Слово было построено на таких соответствиях, которые обозначали небесные вещи обобщенно, и по этой причине, с течением времени, начали искажаться многими, вследствие чего по Господнему Божественному Провидению это их Слово постепенно свелось на нет, и через пророчества сынов Израилевых, дано было другое Слово, которое было начертано в менее обобщённых и более ясных соответствиях. Однако, в этом Слове, названия мест земли Ханаанской и всей Азии остались прежними и сохранили свое прежнее значение. *DV 36*

Религии многих народов ведут свое происхождение от Древнего Слова и распространились отсюда, как от земли Ханаанской и различных частей Азии в Грецию и затем в Италию, и через Эфиопию и Египет в определенные Африканские царства. Однако в Греции, соответствия были переделаны в басни, а Божественные атрибуты обернулись множеством богов, величайшего из которых они назвали Яве, от Иеговы. *DV 38*

Мне было сообщено, что первые семь глав книги Бытия составляют это Древнее Слово, вплоть до самой последней его буквы. *DSS 103*

Несомненно то, что посредством медитации над Словом (Библией), Сведенборг, по его собственному утверждению, получил все его духовные откровения, тогда как его духовные познания пришли к нему посредством услышанного, или увиденного, в духовном мире.

Я веду беседы с духами и ангелами уже в течении многих лет, и ни один дух не осмелился, и ни один ангел не пожелал сказать мне что-либо, или направить меня в том, что является Словом, или в чем либо, касающимся доктрины в Слове. Я был вразумлен одним только Господом, который открылся мне, и кто с тех пор постоянно являлся моим глазам, как Солнце, в котором Он пребывает; и Он является мне так же, как он является ангелам, и просвещает меня. *DP 135*

Господь ведет всех тех, кто любит и желает истины от Него Самого. Тех, кто просвещается, читая Слово, ибо Господь присутствует в Слове, и обращается к каждому, согласно возможностям его восприятия. Если кто-либо слышит речь духов, как это иногда случается, они не учат его, а направляют, и это делается так осторожно, что человек всё-таки остается сам собой, т.е. свободным. *AE 1183*

Что же касается меня самого, то мне не было позволено воспринимать ничего из уст какого-либо духа, или из уст какого-либо ангела, но исключительно из уст одного Господа. *DV 29*

Это вышесказанное означает, что сам Сведенборг не принимал ничего на веру, ни от какого-либо ангела или духа, хотя полностью доверялся своему Внутреннему Учителю, Господу. Письменное Слово представляет собой Божественную манифестацию, и потому должно быть изложено вербальными соответствиями, которые формируют основу их подлинного духовного значения или проникновения.

Поскольку Слово внутренне являет собой духовное и небесное,

ему должно быть написанным исключительно посредством соответствий; и то, что описано таким образом, в своем крайнем значении, сохраняется и в его внутреннем значении, изложенное стилем пророков и проповедников-евангелистов; стилем, который, несмотря на свою кажущуюся простоту, тем не менее, хранит в себе и Божественную мудрость и всё ангельское знание. *DSS 8*

Соответствия, которые формируют Слово, от первого до последнего описания, обладают такой силой и мощью, что это может сравниться с силой и мощью Божественного всемогущества; это потому, что через эти соответствия, естественные действия соответствуют духовным; и духовные - естественным, и, таким образом, всё небесное соответствует всему мирскому. *Inv 45*

Существуют три разных уровня понимания или постижения истины в Слове.

Поскольку в каждой составной части Слова, заложена тройственность, одна внутри другой; и эта тройственность подобна трио - действие, причина и результат, из этого следует, что в Слове есть три значения, одно внутри другого - естественное, духовное и небесное; естественное в мирском, духовное в небесах и в Господнем духовном царстве, и небесное во вселенском Его царства небесного. *AE 1083(3)*

Правильное использование Слова является мощным инструментом приведения к общему знаменателю различных уровней духа. Когда Слово изучается на земле, ангелы в небесах испытывают святость, заложенную во внутреннее значение. Это происходит путем соответствий, содержащихся в каждой отдельной частице Слова. *AC 8615(3)*

Так повелось от сотворения, что результат, причина и следствие, вместе взятые, должны составлять одно целое; и так же происходит со времен сотворения, что небеса должны составлять одно целое с Церковью на земле, только это происходит через Слово, когда оно изучается человеком по причине его любви к истине и добру. Это самое и является конечным результатом, для которого Слово было дано Господом, с тем, чтобы воссоединение ангелов неба с людьми земли, могло бы осуществляться постоянно; так же как и их непрестанная междоусобная коммуникация, соответствующая этой общности... Общность и коммуникация происходят мгновенно. Причина этого состоит в том, что все вещи, упомянутые Словом в их буквальном смысле, представляют собой подобие следствий, которые одновременно включают в себе и причину и её результат; и деяния, содержащиеся в Слове, называются пользой, причины - истиной, а результаты - добром. И Божественная любовь, которой Господь, объединяет все эти три в том, кто пребывает в любви к пользе, которая присутствует в Слове. *АЕ 1084(2)*

Величайшая сила присутствует в соответствиях..., это потому что небеса и мир, духовное и естественное, в них едины... там, где посредством Слова осуществляется связь человека с небесами, и, таким образом, с Господом. *Inv 59*

Божественное проявление в личной форме

Божественное, созерцаемое ангелами, является им как бы солнцем в небесах. Однако Оно может, и часто являет Себя, манифестацией в личной форме, т.е. в образе ангела.

Однако, когда Господь является в небесах, что случается часто, Он не показывается облаченным солнцем, но в обличии ангела, хотя отличается от ангелов Божественным сиянием Своего Лика... Я тоже зрел Господа в вышине, вне Солнца, но в форме ангела и несколько ниже Солнца; а также поблизости в подобном образе, с сияющим ликом, а так же однажды среди ангелов в виде пламенного озарения. *HH 121*

Когда Господь является в любом сообществе, он появляется там как ангел, хотя отличается от всех других Божественностью, которую излучает. *HH 55*

Господь является в Божественной ангельской форме, то есть человеко-подобным, тем, кто признает и верит в зримое Божественное, хотя не тем, кто верит в невидимое Божественное. *HH 79*

Однако, не существует ничего постоянного, раз и навсегда зафиксированного, в Божественных появлениях.

Господь является каждому согласно специфике качеств того, кому Он является. *AC 3235*

До пришествия Иисуса Христа, манера явления Господа земному человеку на земле проявлялась преимущественно в ангельской форме.

До пришествия Господа в мир, Иегова показывался в образе ангела, ибо когда Он проходил сквозь небеса, Он облачался в эту форму, а именно в форму человека. Ибо все небеса, силою Божественного провидения в них, существуют наподобие единого Человека. *AC 10579(4)*

Божественная Инкарнация

Божественная манифестация, посредством ангельских форм, служит своей цели до тех пор, пока эти видения могут положительно воздействовать на человека. Но когда человечество в целом впадает в состояние такого духовного мрака, как это произошло 2000 лет назад, становится совершенно необходимым, для Самого Бога, протянуть человечеству руку более непосредственным способом.

Он принял в Себя человеческую сущность, будучи рожден. Он сделал так, поскольку бесконечное Божественное имело возможность быть интегрированным в человеке, даже несмотря на факт отдаленности человека от Божественного. *AC 1990(3)*

Этому должно было осуществиться в согласии с порядком, характерным для Божественной Любви и Мудрости. Для того, чтобы Бог имел возможность постоянного доступа к человеку, Он должен был иметь с ним тесный контакт, дабы воочию испытывать причины человеческих слабостей; и именно от этого, рождение посредством женщины, стало необходимым для обеспечения Себе 'несовершенного человека'

Выражаясь попросту, Он был подобен любому другому человеческому существу, за исключением того, что он был зачат Самим Иеговой, хотя и рожден женщиной, которая была девственна, и, через это Свое рождение от девственницы, Он принял на себя все слабости, свойственные каждому человеку... *AC 1414*

Хотя, с Господом Отцом, этот ребенок, на душевном уровне, представлял собой Само Божественное, чем и отличался от отпрысков человеческих родителей.

78

Бытие Господне, а следовательно, внутренняя Его жизнь, - Божественны потому, что это был Сам Иегова; но облачения или внешний образ составлял человека, что он перенял от матери путем рождения. Это человеческое в Нем было таково, что могло впадать в искушение, ибо оно было загрязнено наследственным злом от матери; но так как сущность Его была Божественной, Он был способен Своей собственной силой отбросить это злое наследство, приобретенное от матери. *АС 5041*

Со времен снисхождения Господа, и оттого что Он олицетворяет Порядок, в силу этого порядка, возникла необходимость в том, чтобы Он стал человеком, был зачат и выношен в чреве матери, и был рожден; и чтобы Он стал образован, постепенно набирая знания, посредством которых Он может набрать ума и мудрости. Поэтому, что касается Его человеческого, он был ребенком, как и все другие дети, мальчик, как и все другие мальчишки, и так далее; но с той разницей, что Он прошел через все эти прогрессивные стадии развития скорее, более полно и более совершенно, чем это совершают другие. *TCR 89*

Некоторых может удивить упоминание того, что наследственное зло присутствовало у Господа по материнской линии... В этом смысле, Господь был рожден также как любой другой, и обладал теми же слабостями, коими обладают все другие. То, что Господь перенял наследственное зло от своей матери, совершенно очевидно из того факта, что Он подвергся искушениям. Никто и никогда не может подвергнуться искушению, если он не содержит в себе зла, это потому, что именно зло, пребывающее в человеке, искушает его. То, что Господь был искушен, испытывая мучения столь серьезные, что другие на его месте не вытерпели бы и десятитысячной доли того, чего Ему пришлось выстрадать, и Своей собственной силой победил зло, или дьявола, и весь ад, тоже ясно.... Также, это обычно утверждается священниками, что Господь нёс на себе бесчестие и зло человеческой расы, хотя, разнообразные формы бесчестия и зла никогда не смогли бы быть осуществлены иначе, чем при посредстве наследственного канала. Божественное не может принять на Себя зло, и, следовательно, для того, чтобы Он смог победить это зло Своими собственными силами - чего ни одно человеческое существо не в состоянии сделать, свершение одного этого смогло бы превратить Его в праведного человека, -

Он был согласен родиться как любой другой. Если бы не это, то для Него вообще не было бы никакой нужды быть рожденным, ибо Господь может облачаться во внутреннее человеческое, избегая процесс рождения, как Он воистину иногда совершал, когда был зрим членами большинства древних церквей, а также пророками. Поэтому, для того, чтобы восстать против зла, которое Ему должно было побороть и подчинить себе, и совершая это, соединить в Себе Божественную сущность с сущностью человеческой, Он и пришел в этот мир. Однако же, в Господе не было зла от Него Самого, то есть, сам Он не совершал никакого зла. *АС 1573(3,4,7,8)*

Решающая битва разгорается теперь в уме Иисуса, когда Он минует свое детство и отрочество, и стоит вплотную к миссии всей Своей жизни. Его внутреннее духовное пробуждение (этот совершенный Божественный Человек) открывает перед ним истинную природу его положения и цель его жизни. С другой стороны, Его живой и естественный ум подвержен иллюзиям проприума (и близок к Его физическим ощущениям), отбрасывает всевозможные сомнения на эти внутренние предчувствия. В уме Иисуса Бог и 'дьявол' (т.е. персонифицированный ад или проприум) сражаются в нем за собственное превосходство - отказаться от одного означает объединиться с другим.

Все искушения являются атакой против любви, присутствующей в личности, степень искушения зависит от степени этой любви. Без нападения на любовь не существует искушения. Разрушить любовь другого человека означает разрушить самою его жизнь, ибо его любовь является его жизнью. Жизнь Господа представляла собой любовь ко всему роду человеческому; воистину, это было так грандиозно и по природе своей таково, что это явилось ничем иным, как истинной любовью. Против этой Его жизни и были направлены постоянные искушения, и это происходило... с раннего детства до последнего Его часа в этом мире... Адские муки постоянно подавлялись, контролировались и побеждались Им; и это Он выполнял единственно силой Своей любви ко всему человечеству. И так как эта любовь не была человеческой, но Божественной, и оттого, что сила этой любви определяла интенсивность искушений, то становится ясно, насколько серьезны были Его конфликты, и насколько устрашающими казались Ему силы ада. *АС 1690(3,6)*

Борьба с искушениями, или попытка этой борьбы, является моментом свободного выбора в душе человека - выбора между внутренним адом и небом. Отвергнуть одно, означает присоединиться к другому. Так было и с Иисусом; через выбор реальности Своего высшего Естества, Он тем самым отказался от запутывающих видений и отрицательного состояния Своего довольно ординарного ума, подчиняя свои мысли и чувства Высшему руководству. Этот процесс, в котором природный ум Иисуса внутренне увязался с Божественным Человеческим внутренним разумом, Сведенборг называет Восхвалением, или 'превращением человеческого Божественного в Господа'.

Всем хорошо известно из Слова, из Евангелий, что Господь верил в Иегову и молился ему, Отцу Своему, и, что Он обращался к Нему как к кому-то иному, хотя Иегова присутствовал в Нем самом. Но то состояние, в котором Господь пребывал в те времена, было состоянием Его уничижения... (тогда как) Он являлся лишь хрупким человеком, рожденным от женщины. Но в крайней ситуации Он поступает по другому, отбрасывая это, тем самым беря на себя Свое Божественное состояние, называемое Его восхвалением. В предыдущем состоянии он поклонялся Иегове, как существу вне Себя, хотя Иегова и пребывал в Нем, ибо, как сказано: Его внутренней сущностью был Иегова. На последующем этапе, в так называемом состоянии восхваления, Он разговаривал с Иеговой как с Самим Собой, так как и был Самим Иеговой. *АС 1999(2)*
Что же касается самого жития Господнего, то это была жизнь человека, постоянно стремящегося к Божественному, вплоть до полного единения. *АС 2523(2)*

В самом конце Своей жизни, когда Он восславлял Господа, Он постепенно и постоянно отделял от Себя, и сбрасывал с Себя всё то, что было в нем типично человеческого. Иначе говоря, Он отказался от всего того, что было у Него от матери, пока наконец не перестал быть её сыном, и стал Сыном Божьим; не только в смысле зачатия, но и по рождению, и таким образом слился с Отцом, и стал уже Самим Иеговой. *АС 2649(2)*
Господь испытывал также заблуждения относительно истины, когда пребывал в материнском человеческом, но тем, что отверг от себя всё человеческое, Он освободился также и от этих заблуждений, и облачился в Само Бесконечное и Вечно Божественное. *АС 3405*

Господь, когда Он восхвалял Свое человеческое, отбросил всё проистекающее от матери, и облачился во всё то, что принадлежало Отцу. *TCR 94*

Господь сделал выбор быть рожденным... в Церкви, которая, по причине любви к себе и любви к миру, совершенно утопала в адской и дьявольской само-любви (проприум). Он совершил это затем, чтобы Своей собственной Божественной силой, Он смог бы, исходя из Своей собственной человеческой сущности, объединить Божественный небесный Проприум с проприумом людским, таким образом, чтобы они слились в Нем самом в единое целое. *AC 256*

Таким образом исполнилось то, что было предвидено и предсказано с самых древних времен человечества.

Большинство древних церквей... верило в Вечную Манифестацию, в которой Вечность является Бытием. Вечная Манифестация, где Вечное как Бытие является составной частью, воспринималась древними как Божественный Человек, потому что они знали, что Вечная Манифестация происходила через небеса, от Вечности как Бытия... Когда эта небесная церковь начала распадаться, то предвиделось, что Вечная Манифестация не сможет более внедряться в умы людей, и что следуя этому, род человеческий прекратит свое существование; потому то им и было открыто, что Тот Один будет рожден, кто сделает человека в Себе Божественным, и таким путем, вступит в ту самую Вечную Манифестацию, которая существовала прежде, и в конце концов, станет единым с Вечным как Бытием, так, как это и было прежде. *AC 4687(2)*

Люди смогут приблизиться к Богу единственно через Божественного Человека, и это теперь было продемонстрировано человеку самым убедительным и направленным образом, посредством Господа, обратившего свое человеческое в Божественное.

Менее всего человек должен искать непосредственного приближения к Отцу, который невидим, и, таким образом, недоступен, и с которым не может быть объединения. Он Сам снизошел в этот мир и создал Себя видимым, доступным, и способным вступить в соединение с человеком с одной единственной целью, - спасение человека. Потому что, за исключением случаев мысленного приближения к Богу, как к человеку, все идеи о Боге недейственны, и подобны взгляду, устремленному во вселенную, то есть в пустое пространство, или же взгляд, направленный на природу, или на что-либо в этой природе. *TCR 538*

Новая Церковь станет служить одному зримому Богу, кто заключает в Себе Бога невидимого, так же, как тело заключает в себе душу. Только таким образом может осуществиться соединение Бога с человеком, потому что   человек естественен, и, следовательно, размышляет естественным образом... ибо, любое единство Бога с человеком, должно быть также взаимным союзом человека с Богом; а взаимность со стороны человека, возможна только при наличии зримого ему Бога. *TCR 787*

Поскольку Господь, стоящий на уровне человека, сравнял жизнь природного ума (в проявлении чувств) с жизнью духовного разума (в реальности небес и Божественного), Он в состоянии повторить этот процесс в каждом, кто захочет внутренней помощи от этого Высшего Я (Божественного Человека), которого теперь можно называть 'Божественным Спасителем'. Так как Господь вывел человека из этого зла, создав человека в Своем Божественном, поэтому то и в Слове, Его Божественный Человек назван 'Спасителем'. *AC 6281*

В борьбе с людскими искушениями, Господь выработал особый род искупления, наряду с тем общим искуплением, которое Он принёс в мир. Своими битвами с искушениями в мире, Господь прославил Свое человеческое, то есть сделал его Божественным. Так же происходит это и до сегодняшнего дня с каждым человеком в процессе его искушений. Господь сражается за него, и побеждает адских духов, которые заражают его, и, после искушения, Он восхваляет человека, что делает человека духовным. *TCR 599*

Господь снизошел в мир, чтобы восславить Свое человеческое, потому что таким путем, он навечно стал Спасителем, Основателем и Искупителем. Но из этого нельзя делать вывода, что если спасение в мире случилось однажды, то и все остальные будут раз и навсегда спасены; а то, что Он постоянно спасает тех, кто верит в Него и чтит Его заповеди. *TCR 579(3)*

6

БОЖЕСТВЕННОЕ ПРОВИДЕНИЕ

Цель Божественной Любви состоит в том, чтобы вновь возвратить человека, на этот раз по его собственной инициативе, к своему Божественному Источнику. Сведенборг называет это 'воссоединением с Господом'. К этому завершению Божественное Провидение и направляет человека.

Своими постоянными усилиями, Господнее Божественное Провидение неустанно пытается воссоединить человека с Ним Самим и Самого Себя с человеком, для того, чтобы Он мог иметь возможность одарить человека счастьем жизни вечной. *DP 123*

Целью сотворения являются ангельские небеса, сформированные из человеческой расы. *DLW 330*

Чтобы достигнуть этого, Бог должен допускать видимость их разделения, для того, чтобы оберегать свободную волю человека. Единственное качество, наличие которого делает человека человеком, и посредством которого он объединен с Господом, является его способность творить добро и верить в то, что истинно, и совершать это как бы сам по себе, то есть по своей свободной воле и согласно своему собственному разумению. Если бы человек был лишен этого одного единственного качества, то он одновременно лишился бы всего того, что объединяет его с Господом и Господа с человеком; ибо это качество представляет собой взаимную любовь, которую Господь дарит тому, кто рожден человеком, и также предохраняет её в нем аж до самого конца его жизни, а после этого - в вечности. *AR 541(2)*

Не Существует Ничего Случайного

С целью достигнуть этого, Божественное провидение управляет не только основными происшествиями в жизни человека и самой его жизнью в общем и целом, но и всевозможными мельчайшими деталями.

Это абсолютное заблуждение, - или это зовётся игрой воображения, рассуждать о Господнем Провидении как о чём-то только универсальном, а не о специфичном конкретном; обеспечивать и управлять в универсальном смысле, не вдаваясь в подробности, равно тому, как ничего не обеспечивать и абсолютно ничем не управлять. *AC 1919(4)*

Человек никогда не сможет быть поднят до такой степени, что его можно было бы назвать совершенным; ибо существует в человеке бесчисленное, более того, неограниченное множество качеств, и умственного, и естественного порядка, нуждающихся в обновлении; и каждое из этих качеств имеет бесконечное количество возможностей роста и деривации в отношении и внутреннего и внешнего развития. Человек абсолютно ничего об этом не знает; но Господь ведает всё это, и непрестанно поставляет человеку всё необходимое. Если бы Он остановился хотя бы на мгновение, всё прогрессивное развитие было бы нарушено; так как, предыдущее видится своим последующим в виде развивающихся серий, на основе которых оно и выстраивает свои, вытекающие друг из друга, серии, последовательно и до самой бесконечности. Поэтому ясно то, что Божественное Предусмотрение и Провидение присутствует в каждой из наименее мельчайших частиц; и что если бы это было не так, т.е. если бы Провидение было бы лишь универсальным, то человечество бы погибло. *AC 5122(3)*

Господнее Провидение проявляет Себя в самых мельчайших деталях, от самого первого момента жизни человека до самого последнего, и далее в вечности. *AC 5894*

Воистину, всё возможное, вплоть до мельчайших вещей, до самой мельчайшей из мельчайших, на каждом шагу направляется Провидением Господним... не существует такой вещи как совпадение, и даже явная случайность или удача подаётся рукой Провидения, поддерживающей свой ультимативный порядок. *AC 6493*

Однажды в компании, когда я участвовал в игре Шанс (Chance) бросая кости, духи, которые были при мне, разговорились со мной по поводу удачи в игре, и поведали мне то, что выигрыш представляется им в виде светлого облака, а проигрыш - в виде темного облака; и когда рядом со мной появилось темное облако, стало совершенно невозможно мне выиграть; более того, посредством этого знака они предрекли то, что фортуна отвернулась от меня в этой игре. Тем самым они дали мне понять, что всё то, от чего зависит удача, даже если это касается азартной игры, проистекает из духовного мира; тем более это касается внезапных поворотов судьбы на протяжении жизни человека; и то, что называется удачей, тоже происходит под влиянием Провидения и согласно строгому определенному порядку, где и проявляется эта удача. Таким образом Провидение выявляет себя в каждой из мельчайших деталей всего сущего, согласно Господнему Слову, где говорится, что ни один волос не упадет с головы человека, не будь на то воля Господня. *AC 6494*

Однако, этот контроль никогда не ограничивает свободу внутреннего выбора человека - иначе всеохватывающая цель творения была бы утеряна.

Господнее Провидение управляет таким образом, чтоб каждый предмет стал таким, каким ему должно быть, и склоняет свободу человека в сторону добра тогда, когда предвидит, что этот человек, по его собственной воле, движется по направлению к добру. *AC 3869(3)*

Из этого вытекает, что Провидению должно действовать невидимым путем.

Таким образом, Божественное Провидение действует и невидимо, и неосязаемо, для того, чтоб человек мог свободно, по своему разумению, приписывать событие либо воле Провидения, либо простой случайности; ибо, если б Провидение действовало видимо и осязаемо, появилась бы опасность, что человек мог бы уверовать в то, что всё, что он видит и отмечает, дано только волей Провидения, и что от этого впоследствии он мог бы впасть в другою крайность. *AC 5508(2)*

Хотя, эффект жития в гармонии с Провидением, положительно отличается от любого иного.

Известно то, что Божественное Провидение универсально, т.е. его влияние охватывает всё до мельчайших деталей; и что те, которые пребывают в потоке Провидения, постоянно несутся этим потоком по направлению к счастью, что бы им не казалось; и, что те, которые находятся в потоке Провидения, полностью доверяют Божественному и посвящают всё Одному Ему; и что те, которые доверяют только самим себе, и присваивают всё себе, не находятся в потоке Провидения, а совсем наоборот, поскольку они отделяют Провидение от Божественного и присваивают его себе. Также известно, что пока кто-либо пребывает в потоке Провидения, он находится в умиротворенном состоянии; а также, насколько кто-либо пребывает в состоянии удовлетворенности благом веры, настолько он и существует в Божественном Провидении. *AC 8478(4)*

Провидение всегда направлено на конечную цель, коей является вечная жизнь человека. Как часто, оглядываясь назад, мы осознаем, что все травмы на протяжении жизни, могут рассматриваться как отправные пункты роста и дальнейшего совершенствования.

Божественное Провидение отличается от всякого иного руководства и надсмотра тем фактом, что Провидение непрерывно обращается к тому что вечно и постоянно ведет к спасению через многообразные состояния, иногда радостные, иногда печальные, смысла которых человек не может постичь, хотя все они в конце концов приведут его к жизни вечной. *AC 8560*

Господь заботится об обеспечении того, кто несет добро, кто получает Его милосердие со временем, как например такие обстоятельства, которые помогут его счастью в вечной жизни - богатство и почести тем, кому они не повредят, и отсутствие богатства и почестей тем, кому они могут повредить. Тем не менее, этим последним, Он, в нужное время дарует, вместо почестей и богатства радость довольствоваться малым, и быть даже более довольным, чем богатые и знатные. *AC 8717(3)*

То, что выстрадано, относится к вечности; соответственно то, что конечно, - нет. Всё то, что есть, обеспечивается Божественным, а то, чего нет, не обеспечивается Им, за исключением того, что связано с тем, что есть; и поскольку Иегова, представляющий собой Само Божественное, есмь, то то, что исходит от Него, тоже есмь. Из этого очевидно то, что представляет собой качество того, что дано и обеспечено человеку Божественным, в сравнении с тем, каковым является качество того, что человек производит сам для себя. *AC 10409(3)*

Божественный Порядок и Законы Провидения

Существует подспудный порядок, где всё, когда либо созданное, поддерживается универсальными законами на всех уровнях созидания. Все эти законы вытекают из аспектов Божественной Любви и Мудрости, согласно которой Божественное Провидение оперирует, с намерением достичь цели - Божественной Любви. Таким образом, было бы наперекор Божественному Естеству, отклониться, даже слегка, от Его собственных законов Любви.

Способы, с помощью которых Господь направляет человека на его жизненном пути, называются законами Божественного Провидения. *DP 221*

Божественное Провидение представляет собой Божественный Порядок, в первую очередь направленный на спасение людей; порядок не может обходиться без законов, так как Господь является Своим собственным Провидением, Он также является и законом Своего собственного Провидения. Таким образом становится ясно, что Господь не может действовать против законов Своего Божественного Провидения, потому как действовать против них, означало бы действие против Себя. *DP 331(3)*

Божественная Любовь желает спасти всех, но спасти она может только посредством Божественной Мудрости, а Божественной Мудрости принадлежат все законы, посредством которых осуществляется спасение. Любовь не может подняться над этими законами, поскольку Божественная Любовь и Мудрость - едины, и действуют в союзе друг с другом. *DLW 37*

Не существует раз и навсегда зафиксированного способа формулировки этих законов, поскольку способ действия Законов Любви мог бы видеться ограниченным умам различных людей совершенно по разному. Наиболее точное и ясное обобщение основных законов, данное Сведенборгом , следует ниже:

1. Таков закон Божественного Провидения, что человеку должно действовать свободно согласно собственному разумению

2. Таков закон Божественного Провидения, что человек должен, по своему собственному побуждению, избавляться от зла как от греха в своем наружном человеке; и только таким путем, а не иначе, Господь сможет очистить его от зла в его внутреннем человеке и одновременно во внешнем

3. Таков закон Божественного Провидения, что человек не должен вынуждаться думать и хотеть под влиянием внешних причин, и то же касается его веры и любви и всего того, что относится к религии, но он должен сам по себе, со временем, принуждать себя мыслить и желать своим глубинным внутренним существом

4. Таков закон Божественного Провидения, что человек должен направляться и образовываться Господом с небес посредством Слова, доктрины и проповедей Слова, храня видимость, как будто это исходит от него самого

5. Таков закон Божественного Провидения, что человек не должен воспринимать и чувствовать что-либо от эффекта Божественного Провидения, хотя, тем не менее, он должен испытывать и признавать его

6. Разные формы Зла дозволены во имя конечной цели, которая представляет собой спасение *DP 71,100,129,154, 175, 234*

Дозволение Зла

Из вышеприведенных законов становится ясно то, что для достижения ультимативной цели объединения человека с самим Собой в любви и свободе, Божественная Любовь в своей Мудрости даёт человеку свободу его выбора собственного 'добра'. В этом даре кроется возможность, что человек в своем настоящем, не обновленном состоянии может выбирать, основываясь на своей вере в более поверхностные образы, и принимая в расчет единственно одного себя, что, следуя закону причины и следствия, приведет его к негативным (зло) результатам. И, хотя злу человека может быть дозволено руководить им до конца света, Божественная цель состоит в том, чтобы он мог, исходя из собственной воли, возвратиться к Отцу своему. Описывая небесное супружество, о чем будет больше сказано позднее, Сведенборг объясняет:

В каждом небе, Небесное супружество представляет собой одно единое, также как и Церковь, и объединяется в Господе посредством проприума, иногда даже распространяясь до самых границ его существа, ибо при отсутствии проприума, объединение это становиться невозможным. И когда Господь своим милосердием внедряет в данный проприум невинность, умиротворенность и добро, он всё же еще выглядит как проприум, но уже являет собою нечто небесное и глубоко благословенное. *AC 252*

Таким образом, Бог позволяет человеку унаследовать от его предков склонность ко злу, которую Сведенборг описывает последующей.

Наследственное зло... состоит в желании, и, следовательно, в помышлении зла; наследственное зло заложено в самой воле человека, и, оттого, и в мысли; и, будучи внутренней тенденцией, зло может проявлять себя даже тогда, когда человек творит добро. Это можно узнать по тому наслаждению, которое испытывает человек, когда зло побеждает добро. Корни зла прячутся на глубине, ибо сама внутренняя форма, которая получает добро и истину от неба, то есть, через небо от Господа, ... извращена; и таким образом, когда добро и истина вливаются в человека от Господа, они либо отвергаются, либо извращаются, либо душатся... Это происходит по причине наследственного зла: любить себя более чем других, желать зла другому, в случае если он тебя не уважает, получать удовольствие от мести, а также любить мирское более небесного, и также любовные страсти или другие подобные эгоистичные удовольствия, происходящие из того же источника. *AC 4317(5)*

Нет пути, который мог бы вывести из этого негативного внутреннего состояния, кроме случая, когда мышление непроизвольно и добровольно постоянно контролирует мысли, подбивающие на совершение зла.

Поскольку жизнь человека формируется его наследием, и, таким образом, исходит из самого человека, то если бы ему не было бы разрешено прибывать во зле, у него вообще не было бы никакой жизни, и, если б он не был свободен, у него тоже не было бы никакой жизни. Также он не может быть принуждён совершать добро, так как непрочно то, что совершается по принуждению; далее, что добро, воспринимаемое человеком добровольно, укореняется в его воле и становится, как это обычно и бывает, его собственным. *HH 293*

Зло невозможно устранить, пока оно не проявит себя. Это не означает, что человек необходимо должен совершать зло, чтобы дать ему проявиться, но, что он должен наблюдать за собой, и не только за своими поступками, но и за своими мыслями - и думать, как бы он поступил, если бы не опасался законов и бесчестия; в особенности, какое из зол в своей душе он считает дозволенным и не считает грехом; за это он всё же отвечает. *DP 278*

Дозволение зла существует во имя конечной цели - спасения... Если бы человеку не было бы дозволено мыслить в соответствии с любовью его воли, которая укоренена в нем наследственно, эта любовь пребывала бы в нем изолированной, и он бы ни в жизни о ней бы не подозревал; ибо любовь ко злу, которая не проявляет себя, представляет собой врага в засаде, подобно гною в ране, подобно яду в крови, подобно порче в груди, которые, если от них не избавиться, приведут к смерти. Но когда людям разрешено мыслить о зле от любви к жизни, даже подстрекая их в этом, они выздоравливают духовным образом, так же как болезни излечиваются естественными способами. *DP 281(1,2)*

Это вполне доступно для Господа - исцелить понимание каждого человека, и развернуть направление его мысли от зла к добру, и это может быть достигнуто при помощи страхов различных видов, при помощи чудес, бесед с покойными, и через видения и сны. Но исцелить лишь одно понимание, означает исцелить человека единственно во вне; ибо понимание, с его мышлением, является внешним в человеческой жизни, тогда как воля, с её предпочтениями, представляет собой внутреннюю структуру жизни человека. Оттого лишь исцеление его понимания (представлений) явилось бы только частичным исцелением, через которое внутреннее зло, замкнутое внутри невозможностью проявления во вне, разрушило бы поначалу ближайшие, а затем и периферийные, компоненты, до тех пор, пока человеческое целое не будет поражено. *DP 282*

7

ПЕРЕРОЖДЕНИЕ (ОБНОВЛЕНИЕ)

По традиционному христианскому учению, падшее состояние человека преодолимо только путем духовного рождения, называемого перерождением, однако, духовное перерождение не происходит раз и навсегда, но осуществляется в виде повторения циклов, подобно восходу солнца или возвращению весны. Эти природные циклы дня и ночи и периодические смены времён года, являются соответствиями процесса перерождения, имеющего место в духовной сфере.

Состояние человека, когда он подвержен процессу перерождения, напоминает чередующиеся мороз и жар, а именно ту точку схода, где вера и милосердие не существуют, а затем существуют... Через перерождение человек получает самою жизнь от Господа, и поскольку до этого у него не было жизни, он переминается между отсутствием жизни и самой жизнью, то есть между отсутствием веры и милосердия и некоей степенью их присутствия. Под морозом здесь подразумевается отсутствие веры и милосердия, а под жаром - некая степень веры и милосердия... Когда человек обращается к своему телу, он оказывается в холоде, а когда тело, со всеми его атрибутами, сокращается вплоть, как бы, до своего отсутствия, он оказывается в тепле. Эти два состояния чередуют друг друга. Положение человека таково, что небесное и духовное состояния, не могут вести сосуществование с его телесными и мирскими интересами, а лишь чередуются с ними. Это испытывает каждый, кто идет по пути перерождения, и это продолжается до тех пор, пока он не достигнет состояния перерождения. *АС 933(1,2,3)*

Изменения, имеющие место в тех людях, которым еще предстоит переродиться, подобны морозу и жаре, тогда как для тех, кто уже однажды испытал перерождение, это будет подобно зиме и лету... Тот факт, что переродившийся человек испытывает изменения, то есть, так сказать, в один момент отсутствие в нем милосердия, и в следующий момент некоего его присутствия, является совершенно ясным по той причине, что в каждом, даже в переродившемся человеке, не существует ничего кроме зла. Всё доброе, что есть в нём, происходит от одного Господа. Поскольку ничего кроме зла в нём не присутствует, становится неотвратимым для человека, подвергнуться таким изменениям, где он пребывает попеременно то в летнем времени, т. е. в милосердии, а то в зимнем, т. е. в отсутствии милосердия. В результате подобных чередований, человек вечно совершенствуется и потому, раз от разу, становится всё более и более счастливым. Такие перемены имеют место с переродившимся человеком не только на протяжении его жизни, но и также, когда он вступает в следующую жизнь, потому что без смен, подобных лету и зиме, касающихся атрибутов воли, и тех, подобных ночи и дню, касающихся атрибутов понимания, человек никаким образом не сможет быть усовершенствован, и сделан более счастливым. Однако, в их следующей жизни эти перемены у людей подобны лету и зиме в теплых краях, и дни и ночи напоминают им дни и ночи весеннего периода. *AC 935(1, 2)*

Продолжение

Время от времени, Сведенборг использует термин перерождение более ограниченным и специфическим образом, например с целью выделить соответствие между внешней и чисто выраженной внутренней жизнью. Однако, в общем и целом, он употребляет этот термин для демонстрации внутренней динамики, которая, если ей не мешать, управляет нами с младенчества и далее, за пределами самого вступления на небеса после смерти, ведя нас по пути к всё более тесному союзу с Божественным.

С раннего детства до конца своей мирской жизни, и затем в вечности, человек, пребывающий в добре, рожден вновь и вновь, в каждый миг, не только внутренне, но и внешне, и происходит это путем того замечательного процесса перерождения. Таков этот процесс, составляющий львиную долю ангельской мудрости. *AC 5202(4)*

Тот человек, который был перерожден, и тем самым пребывает на небесах, посменно пребывает во внутренних и во внешних условиях: так как внешние предметы следуют порядку, который согласован со внутренним, и постепенно, прошедшее станет подчиняться тому, что последует за ним. Пока человек находится в своем внешнем, он пребывает в состоянии трудов и борьбы, так как живет жизнью, пропитанной всем мирским... но когда человек пребывает в своем внутреннем, его усилия и битвы сходят на нет, поскольку он пребывает на небесах с Господом; и тогда, когда он испытывает такое умиротворение, сие означает, что воссоединение достигнуто. *АС 9278(2,3)*

Не существует определенного момента времени, когда кто-либо перерожден достаточно для того, чтобы он мог утверждать: 'Теперь я совершенен'. По правде сказать, в каждом человеке существует неограниченное количество состояний зла и лжи, не только простых, но также варьирующихся и составных, которые... устроены таким образом, чтобы они не повторялись. В некоторых состояниях, человек может считаться вполне совершенным, но в бесчисленных других - не может. Люди, которые были перерождены на протяжении своей жизни, и в жизни которых присутствовала вера в Господа и милосердие к ближнему, совершенствуются постоянно и на протяжении своей последующей жизни. *АС 894*

Прогресс, следующий путем перерождения, заключает в себе достижение определенного количества целей.

Перерождение представляет собой постепенное отлучение собственных тенденций ко злу от своих врожденных склонностей. *CL 146*

Перерождение... это единение внутренних и внешних форм человека посредством любви, и, последовательно, глубинное объединение неба с миром. *АС 5161(3)*

Человек перерожден посредством внутренних истин в совокупности с добром; то есть: всё относящееся к вере, объединено со всем, что относится к милосердию. *АС 4353*

Конец перерождения наступит тогда, когда внутренний человек сможет быть объединен со внешним, а именно: когда духовное в человеке, путем его рационального, объединится внутри него самого с его естественным. *АС 4353(2)*

Человек обогащается духовным и небесным благом тогда, когда всё, существующее в нём, употребляется Господом в соответствии с тем духовным и небесным порядком, который по своему образу и подобию является Божественным Порядком: это и представляет собой ничто иное, как перерождение. *АС 3017*

Перерождение есть ничто иное, как субординация всего естественного в пользу всего духовного; и вслед за этим, всё естественное подчиняется тогда, когда оно ограничено до соответствий (т.е. воспринимается нами как соответствия*). Когда это естественное видится соответствием, оно себя больше не выявляет, а действует как приказано и подчиняется духовному, почти так же, как тело подчинено движениям воли, и как речь и выражение лица выдают течение мысли. *АС 5651(3)*

Перерождёнными называют тех, кто мучает и напрягает себя из желания быть ведомым Господом, и тот, кто наставляется истинами, зовущимися истинами веры, во имя блага духовной жизни. *АС 8987(3)*

Воссоединение с Господом и перерождение являются тем же самым, поскольку тот, кто воссоединён с Господом, является перерождённым. *DP 92*

В процессе перерождения, личность принуждает себя к ограничению свободы, вручённой ему Господом, эта личность унижает, и воистину тревожит своё рациональное, чтобы то сдалось, и, в результате этого, личность принимает небесный проприум (небесное эго). Затем, данный проприум постепенно совершенствуется Господом, и постепенно становится всё более свободным, так, что в результате, он склоняется в сторону добра, и истины, вытекающей из этого добра, и тем самым пребывает в благом. И, эта склонность и благо составляют блаженство такое, каковым оно испытывается ангелами. *АС 1947(2)*

Таким образом, посредством внутреннего Божественного влияния, происходит перерождение.

Самая сокровенная частица человека, - это та, где Господь пребывает в нем, и откуда Он управляет всеми наружно расположенными составляющими человека. Тогда, когда человек позволяет Господу вносить порядок в наружные части таким образом, чтобы они соответствовали внутренним сокровенным частям, состояние человека становится таковым, что он может быть принят в небеса, и тогда сокровенное внутреннее, совместно со внешними его частями, функционирует как единое целое. *АС 2973(4)*

Ангелы видят и чувствуют того, кто подвергается процессу перерождения, и кому они служат на протяжении всех состояний, через которые он проходит. И в соответствии с этими изменениями, и через их посредство, Господь дает этим ангелам способность, склонять человека к добру настолько, насколько он сам позволяет им управлять собой. *АС 4122*

Остаточные Состояния

Возможности к процессу перерождения обеспечены человеку с самого детства. В течении всей жизни и после его смерти, какими бы не казались ему его внешние обстоятельства, опыт таких небесных состояний, как любовь, умиротворенность, радость, смирение, доверие, и тому подобное, переживается им бессознательно. Этот опыт хранится в 'памяти' внутреннего человека. Сведенборг называет это остаточными состояниями или пережитками.

Пережитки... представляют собой состояния склонности к добру и истине, которые заложены Господом в человеке, с самого раннего детства и вплоть до конца его жизни. Эти состояния сохраняются в нём, в цели их использования в его посмертной жизни, когда наступит время, чтобы вновь пережить эти же самые состояния, одно за другим, но уже на ином уровне; т.к. к этому времени, они уже будут модифицированы, посредством дарованных человеку Господом добра и истины. Поэтому, чем больше пережитков человек приобретает в течении жизни, или чем более добра и истины он приобретает, тем счастливее и прекраснее будут последующие его состояния, когда он станет переживать их вновь... При рождении... всё самое хорошее вливается в человека, такое, как любовь к родителям, кормилицам и друзьям в играх; это положительное влияние возможно по причине невинности новорожденного. Эти дары проистекающие от Господа с небес невинности и умиротворения, являются внутренними небесами. *АС 1906*

Позднее, когда человек взрослеет, всё его доброе, невинное и умиротворенное состояние раннего детства мало помалу отодвигается; и поскольку он вступает в мир, он вовлекается в мирские удовольствия и радости, так же, как и в мирские неприятности, и все небесные блага раннего детства начинают рассеиваться. Однако, состояния эти как бы сохраняются, хотя и изменяются так, что личность вбирает их в себя, и именно ими станут определяться все последующие состояния, которые будет переживать человек. Без этого, ему невозможно превратиться в истинного человека, поскольку те состояния, в которых присутствует зло, или же желание зла, если их не подавлять посредством побуждающих к добру тенденций, то это может привести человека к более ужасающим последствиям, чем к тому же у любого животного. Эти состояния добра и называются пережитками; они даруются Господом, и укореняются в естественных наклонностях человека таким образом, что сам человек этого не осознает. Позднее человек проходит через последующие уровни новых состояний, низложенных на него; но это уже не столько состояния добра, сколько состояние истины, так как по мере роста человека, он воспринимает все те истины, которые, аналогичным порядком, укрепляются в его внутреннем сознании. Посредством этих пережитков в отношении истины, ведущих свое начало от духовного влияния Господа (инфлакса), в человеке присутствует способность мыслить, а также вычленять то, что является добрым и истинным в гражданской, общественной, или в частной жизни, а также и способность воспринимать духовную истину, истину веры, несмотря на то, что у человека еще нет способности к осуществлению этих истин на деле, кроме как пользуясь пережитками добра, заложенного в нем с раннего детства. О существовании же самих пережитков, как и о факте, что они хранятся во внутреннем рациональном его души, человек не имеет ни малейшего представления. *АС 1906(2,3)*

К тому же существуют пережитки, приобретенные в течении конфликтов, вызванных искушениями. *АС 1738*

Эти рассеянные жизненные опыты, оставляют сильный отпечаток в глубине души человека, но подобно зернам, брошенным в землю, они дремлют на протяжении длительных периодов времени, не доходя до сознания человека.

Господь оставляет (эти пережитки) в человеке, и сохраняет их в его внутреннем, хотя сам человек вовсе этого не осознает. Таким образом они полностью отделены от всего иного, присущего человеческой личности, чем является ложь и фальшь. АС 561

Свободная воля человека не включена в эту стадию 'посева', происходящую непроизвольно. Процесс перерождения, где все эти опыты смогут дать ростки и обернуться постоянной, более развитой частью духа человека, имеет место позднее и протекает в несколько этапов.

Пережитки допускаются во внешнем или естественном человеке, когда он пребывает в состоянии добра; однако, как только он оказывается в состоянии зла, их возвращают и резервируют до следующего этапа. Причина того, что их возвращают и вновь сохраняют, заключается в том, чтобы предотвратить слияние их со злом, и как следствие этого - полное их поглощение. Когда человек не способен к перерождению, пережитки тщательно хранятся в его внутреннем. Однако, как только человек вступает в процесс перерождения, тогда, согласно его положению, эти пережитки перемещают из внутреннего человека во внешнего, так как причиной перерождения является синхронизация внешнего и внутреннего, с целью чтобы оба действовали заодно. Поначалу допускается проникновение пережитков в общее человека, а затем, постепенно, и в его специфическое. АС 6156

Когда человеку приходит время, т.е. когда он оказывается способным к перерождению, Господь поощряет в нем склонность к добру, и этим самым стимулирует в нем всё, сопутствующее этой склонности, а именно то, что в Слове Божьем зовется остатками, и затем, через эту склонность, которая является ничем иным, как желанием добра, Он постепенно убирает все другие наклонности, а также постоянно устраняет предметы, связанные с ними. АС 3336(3)

Совесть

Это качество ума, которое мы называем совестью, изначально формируется у человека из того, что он перенимает от других как правдивое - даже в том случае если это является заблуждением. (До некоей степени уверенность в заблуждениях неизбежна, принимая в расчет ограничения конечности человеческого разума.) Каждый человек полагает, что его собственные, приемлимые для всех других убеждения являются истинными, и на этой самой основе он и выстраивает свою совесть. Следовательно, с того момента как его совесть установилась, действия, направленные против вещей, укоренившихся в нем как истины веры, представляются ему действиями против его совести. AC 1043(2)

Совесть тех, кто принадлежит духовной церкви, является правдивой совестью, поскольку она приобретается из учений церкви, которые считаются истинными, независимо от того, если это так или нет. AC 8081

Совесть бывает либо более духовной (внутренней), либо более естественной (внешней).

Человек обладает сознанием того что добро, и сознанием справедливости. Осознание того что добро представляет собой совесть внутреннего человека, а сознание справедливости является совестью внешнего человека. Сознание добра проявляет себя во внутренней склонности к действию в согласии с заповедями веры; сознание того, что справедливо, проявляется во внешнем побуждении действовать согласно гражданским и моральным законам. AC. 9119

Совесть может приносить моментальное духовное преимущество.

Те, которые пребывают в согласии со своей совестью, находятся в состоянии умиротворения и внутренней благодати тогда, когда они поступают в соответствии с совестью; и подвергаются определенной неловкости, если действуют ей наперекор. TCR 666

Совесть может также послужить причиной внезапных духовных страданий.

Перерожденному человеку, его деяние в соответствии с совестью доставляет радость, но когда он вынужден мыслить или совершать что-либо вопреки совести, то это приносит ему беспокойство. AC 977

Время от времени, впечатлительная совесть может быть с легкостью обременена влиянием определенных существ духовного мира.

102

Эти духи вызывают угрызения совести в отношении какого-либо сомнительного предмета, и внедряют их в человека, что просто считают своим долгом, и таким путём они обвиняют человека во множестве грехов. Таким образом они обременяют совесть человека вещами, которые не должны были бы её обременять. Существует множество подобного в мире, и эти люди считаются совестливыми, хотя они вовсе и не представляют себе, что такое истинная совесть, хотя и считают всё происходящее делом своей совести. *SD 1240*

Так же необходимо знать о существовании поддельной и ложной совести.

Совесть, в общем и целом, является либо подлинной, либо поддельной, либо ложной. Подлинная совесть, это совесть, сформированная Господом из истин веры. Однажды укоренившись, совесть эта не позволяет человеку поступать против истин веры, посколько это будет означать поступок наперекор совести... Поддельная совесть сформирована в иноверцах религиозным служением, в котором они родились и выросли. Для них, поведение наперекор этому религиозному служению означает действие против их совести. Когда их совесть основана на благодеянии, милосердии и послушании, они являются теми людьми, которые способны получить подлинную совесть в следующей жизни, и действительно этого заслуживают... Ложная совесть есть совесть сформированная не из внутренних предметов, а из внешних, то есть не от благодеяния, а от любви к себе и ко всему мирскому. И в самом деле, существуют такие люди, которые кажутся себе действующими наперекор совести, если они действуют против своего ближнего, и кто также, в такие моменты, кажется себе внутренне жестокими. Однако, причиной этого является то, что в мыслях им видится то, что их собственная жизнь, положение, репутация, состояние или финансовый выигрыш находятся под угрозой. *AC 1033(1,3)*

Просвещенность

Каким же образом человек может распознать, истинно ли то или иное учение или нет, и тем самым избежать развития поддельной совести? Прежде всего необходима подлинная любовь к истине ради этой самой истины - потому что это помогает человеку быть по настоящему полезным в жизни.

Человек пребывает в просвещенном состоянии, когда он пребывает в любви к истине ради самой истины, а не ради самого себя и всего мирского. *АС 9424(2)*

Степень просвещенности каждого человека определяется степенью его склонности к истине, а качество его склонности к истине таково, какова его склонность к добру. Следовательно, те, у которых отсутствует склонность к истине ради истины, но присутствует наклонность к действию ради собственной выгоды, вовсе не просвещенны, когда читают Слово, а просто утверждаются в учениях, какой бы они не носили характер, как ложные, так и еретические учения, или учения совершенно противоположные всему истинному. *АС 7012*

Никто... не может видеть, истинно ли учение доктрины их церкви или нет, за исключением тех, у кого есть склонность к истине, во имя жизненной пользы. Те, кто стремится к этому (т.е. приносить пользу), неутомимо просвещаются Господом, не только в течении их мирской жизни, но также и после нее. *АС 8521(3)*

Унижение является существенным элементом просвещения.

Те, кто читают Слово, и затем поднимают свой взгляд к Господу, подтверждая этим, что всё добро и вся истина исходят от Него, и ничего подобного не исходит от них самих, просвещены. *АС 9405*

Слепое доверие к авторитету в любом определенном учении должно быть только временным вступлением, в ожидании непосредственного внутреннего просвещения.

Поначалу должны изучаться принципиальные положения церкви, затем Слово должно подвергаться проверке на предмет их истинности; ибо они истинны не потому, что так постановлено умами церкви, и подтверждено их последователями, так как, таким образом принципиальные учения всех церквей и религий должно было бы называть истинными учениями...

Из этого видно, что Слово подлежит исследованию, и из этого должно видеть, насколько истинны его принципиальные положения. Когда это делается из склонности к истине, тогда человек, сам не зная откуда, просвещается Господом постижением того, что истинно; и он утверждается в этом истинном в соответствии с добром, в котором он пребывает... Никому не запрещено исследовать Писание из желания знать, истинны ли принципы Церкви, в которой он родился, поскольку никаким иным образом он не смог бы быть просвещен. АС 6047(2,3)

Те, кто проявляют подлинную склонность к истине, то есть те, кто ищет понимания истин ради их благой пользы и ради самой жизни, также придерживаются принципов церкви до тех пор, покуда они не достигают возраста, когда начинают мыслить самостоятельно; затем они изучают Писание, и молят у Господа просвещения, и когда они просвещаются, то радуются от сердца; это поскольку они знают, что если бы родились там, где учение церкви иное, даже там, где процветает величайшая ересь, без изучения писаний исходя из подлинной склонности к истине, они так бы и пребывали в этом учении. АС 8993(4)

Таким образом человек становится настоящим исследователем, изучая писание и постепенно выстраивая свою собственную духовную философию под постоянным внутренним руководством или просвещенностью.

Те, кто пребывает в духовной склонности к истине, когда они читают Слово Божье, не рассматривают Его с точки зрения доктрины церкви в лоне которой они рождены, но видят Слово так, как если бы они были отделены от этой доктрины, поскольку они жаждут просвещенности и хотят видеть истины внутренним взглядом, а не просто принимать их из уст других людей. Те, кто находятся в таком состоянии, просвещены Господом, и им даруется возможность самим сформировать для себя учение из истин, которые они сами прозревают; это учение также посеяно в них, и покоится в их духе навечно. Однако тот, кто воспринимает Слово как доктрину, которую они переняли от других, не смогут увидеть истин в свете собственного духа, то есть внутренне, а видят их извне; ибо верят в них как истинные, оттого, что такими видят их другие, и потому уделяют внимание только тем идеям, которые служат подтверждением их точки зрения; всё другое они либо пропускают, как бы не замечая, либо воспринимают их в свете, диктуемом им доктриной. *АЕ 190*

Покаяние

В Новом Завете слово покаяние это перевод греческого слова metanoia. Буквальный перевод слова metanoia означает перемену ума или разрешение. В понятиях духовного пространства это полный разворот - от чьего-либо расположения спиной к Божественному, до его поворота к Нему лицом. Для Сведенборга - это означает решительный шаг в душевном развитии, включающий в себя множество уровней.

Подлинное покаяние состоит в том, что человек должен проверять себя, чтобы, видя свои собственные грехи, взять ответственность за них и признать их перед Господом, прося дарования сил на сопротивление этим грехам, и таким образом не поддаваться им, что приведет человека к новой жизни; и делать всё это нужно как бы по своей собственной воле. *AR 531(5)*

Человек, рассматривающий себя с целью практики покаяния, должен исследовать качество своей мысли и направленность своей воли; и здесь же он должен определить, как бы он поступил, если бы это было добровольно; то есть, если бы он не остерегался законов и потери репутации, чести или выигрыша. *HD 164*

Покаяние является неким родом самозащиты от того, что кто-либо видит в самом себе, и признает это как эгоистичное (греховное).

Никто не может считаться покаянным, если он по настоящему не отлучил себя от всего, в чем уже раскаялся; а отделит он себя от этого только тогда, когда отбросит свои грехи, глядя на них с отвращением. *AE 143*

Но как же всё-таки человеку высвободиться из тисков своих эгоистических склонностей?

Прощение (искупление грехов)

Здесь мы должны провести четкое различие между настроем того, кто прощает, и реакцией того, кто получает прощение за то, за что он прощается. Вначале напомним себе о природе Божественного прощения.

В отношении человеческого рода Божественное Начало, являющееся бесконечной любовью и бесконечным милосердием, проявляет вечную милость... Господь постоянно оправдывает и постоянно прощает, поскольку он постоянно жалеет. *AC 8573(2*

106

Прощение является настроем или состоянием, в котором не заботятся, не считаются и не замечают зла в других, а только хорошее.

Прощать означает судить кого-либо не по его злу, а по его добру. *АС 7697*

Прощением, или искуплением грехов является отлучение зла от добра. *АС 7697*

То, что не совершается, считается искупленным. *АС 10504*

Грехи снимаются любовью и верой от Господа. *АС 9938*

Господь прощает (искупление) грехи каждого... эти грехи пока не засчитываются во счет прощенных, если только человек не переживает основательное покаяние и воздерживается от зла, и затем живет жизнью веры и милосердия, и так даже до конца своей жизни. В этом случае человек получает от Господа духовную жизнь, называемую новой жизнью. Когда из перспективы этой новой жизни, человек взирает на свои злодеяния прошлой жизни, и с отвращением отворачивается от нее, только тогда его зло считается искупленным, потому что тогда человек укрепляется Господом в истине и добре, что и предохраняет его от зла. *АС 9014(3)*

Однако, чтобы достичь этого, должно произойти нечто иное исключительной важности.

Человек не может быть освобожден от проклятья иначе, как отрешением от зла, а отрешение от зла не может случится иначе, чем через жизнетворное покаяние; а происходит это посредством духовных искушений, являющихся наиболее трудной частью покаяния. *АС 9077*

Борьба с искушением

Этот решающе-динамичный духовный процесс, способен полностью изменить внутреннюю жизнь человека - это испытание позиции человека в те моменты жизни, когда всё летит прахом. Этот тест никогда не исходит прямо от Бога, но дозволяется Им во имя духовного роста.

Бог Иегова, или Господь, никогда и никого не проклинает, никогда ни на кого не гневается, никогда не вводит никого в искушение, и никогда не наказывает, а еще менее судит - оставляя это дьявольскому отродью. От Него Самого, как от источника милосердия, умиротворения и доброты, никоим образом не могут исходить подобные испытания. *AC 245*

То, что искушения и терзания исходят от Божественного, является лишь иллюзией, поскольку, как сказано, искушения порождаются в Божественном присутствии Господа; однако они происходят не от Самого Божественного и не от Господа, а от зла и ложности, содержащихся в том, кто терзается и искушается. От Господа не исходит ничего кроме святого добра, истины и милосердия. Эта святость, то есть добро, истина и милосердие, и есть то самое, что те, кто пребывают во зле и ложности, не могут стерпеть, поскольку эта святость им противоположна, или точнее враждебна. *AC 4299(3)*

Этот процесс обычно вступает в силу, как результат поступков наперекор своей совести.

Как только человек совершает или замышляет нечто наперекор своей совести, он оказывается вплотную с искушением и угрызениями совести, то есть, в некоего рода адском терзании. *AC 986(2)*

Под 'искушением' Сведенборг явно разумеет нечто отличное от общепринятой идеи искушений, которые он иногда определяет как естественные искушения, чтобы отличить их от подлинно духовных искушений.

Духовные искушения соответствуют внутреннему человеку, а естественные искушения - внешнему человеку. Духовные искушения иногда существуют вне естественных искушений, а иногда и одновременно с ними. Естественные искушения, это когда человек страдает по причине своего тела, а также чести или своего материального состояния, одним словом из-за того, что принадлежит его естественной жизни, как в случае болезней, неудач, преследований, несправедливых наказаний и тому подобного. Возникающие при этом опасения и волнения называются естественными искушениями. Но эти искушения никаким образом не задевают духовную жизнь человека, и оттого даже не могут быть названы искушениями, но горестями; так как они происходят от ранений естественной жизни, чем являет любовь к себе и ко всему мирскому. Извращен-

108

ные люди иногда переживают подобные горести, и чем более они любят самих себя и свое мирское, и таким образом свою жизнь в этом мире, тем более они горюют и мучаются. Духовные же искушения подлежат внутреннему человеку, и атакуют они его духовную жизнь. В этом случае волнения не относятся за счёт утрат чего-либо естественного, а за счёт утраты веры и любви, и тем самым, утраты спасения. Такие искушения часто пробуждаются естественными искушениями; оттого, что когда человек пребывает в них, то есть в болезни, печали, утрате положения или чести, и тому подобного, он начинает размышлять о Господней помощи. Его Провидение является состоянием зла, в котором они (искушения) процветают и ликуют, когда добро страдает и претерпевает различные степени печали и утрат; в этом случае, духовное искушение сливается с естественным искушением. *AC 8164*

Подлинно духовные искушения имеют место, когда человек чувствует, что посеянные Богом небесные качества каким-либо образом подвергаются нападению.

Любое искушение представляет собой атаку на любовь, присутствующую в человеке, и степень искушения зависит от степени этой любви. Если не существует нападение на любовь, не существует и искушения. *AC 1690(3)*

Эта 'атака' происходит по причине отрицательных влияний (сферы того участка внутреннего ада, в которой человек оказался). Защита возникает во время атаки, из противоположной ей небесной ангельской сферы, являющейся внутренней областью небес.

Духовное искушение, когда оно имеет место в ком-либо, представляет собой конфликт между злыми духами и ангелами, присутствующими в данном человеке, и он обычно ощущает это как конфликт своей совести. Относительно этого конфликта нужно понимать, что дополнительно ко всему иному, ангелы постоянно обороняют человека и предупреждают его о зле, тогда как злые духи настроены против него. Они защищают даже его заблуждения и само зло, присутствующее в нем, поскольку они полностью сознают, откуда происходят заблуждения человека, и зло в нем самом - от злых духов и джиннов. Сам по себе, человек никаким образом не обладает ни ложностью, ни злом. Вместо этого, зло исходит от злых духов, пребывающих в нем, и это именно они внушают ему, что они происходят от него самого... и более того, в тот самый момент внушения, как только человек убеждается в своей злонамеренности, они обвиняют и осуждают его... Всякий, у кого отсутствует вера в Господа, не может этого постигнуть; он неизбежно верит, что это зло существует в нем самом. Соответственно, он приписывает это зло себе самому и становится подобным тем злым духам, которые присутствуют в нем. Таково положение человека. И поскольку ангелы знают об этом, они предохраняют даже человеческие заблуждения и его зло, пока он проходит искушения, что является частью его перерождения. *AC 761*

Способы, употребляемые злыми духами многообразны, но всё же, они могут распознаваться теми, кто духовно осведомлен о процессах обыденной и каждодневной мирской жизни.

Существуют злые духи... которые активируют фальшивость и зло в человеке..., воистину, они извлекают из его памяти всё то, о чем он думал и вынашивал в себе с раннего детства. Злые духи могут это делать так умно и извращенно, что это не поддается никакому описанию. Однако ангелы, пребывающие в человеке, извлекают на поверхность всё его доброе и истинное, и таким образом предохраняют его. *AC 751*

Инфернальные духи взывают ко злу, прежде совершенному этим человеком, и извращают его добрые дела, подвергая их ложной интерпретации. *AC 6202*

Состояние искушения ... также напоминает пребывание в яме или темнице - нечто убогое и нечистое, ибо когда человек искушаем, нечистые духи находятся вблизи от него, окружают его и поощряют в нем зло и извращения, и также удерживают их в нем, и раздувают всё это до значительных пропорций. *AC 5246(2)*

Существуют злые духи, которые причиняют боль и внушают безнадежность спасении. *AC 6828*

Каждый человек, проходящий через искушения, испытывает сомнения на предмет конечной цели. Эта цель является любовью, против которой и борются злые духи и зловредные джинны, и тем самым, накликают сомнения в этой цели. И чем сильнее любовь человека, тем более он сомневается в ней... Злые духи, расположение которых вредоносно и обманчиво, манерой вредоносных червей проникают внутрь тех, кто любит лесть, и таким образом, он начинает чувствовать себя среди них как в кругу друзей. И как только они залучают его к себе, они за короткое время пытаются разрушить всю его любовь, и таким образом, уничтожить человека, кое они делают тысячью невообразимых способов.... В своих атаках, они разрушают всё доброе и истинное в человеке, разжигая этот огонь с особого рода злобным желанием и упорством так, что сам человек не имеет ни малейшего понятия ни о чём ином, кроме такого же всепоглощающего желания и упорства, царствующего в нем самом. В то же время, они смешивают всё доброе и всё правдивое с наслаждением, вычленяя из наслаждения то, что эта личность испытывает по совершенно иному поводу. Такими способами они незаметно заражают и поражают человека, делая это с таким мастерством, и ведя его от одного к другому таким хитрым образом, что если бы Господь не пришел ему на помощь, человек никогда бы и не осознал, каким образом это имело место в действительности. Подобным путем они действуют и против человеческой склонности к истине, что формирует совесть так скоро, как только злые духи узнают о чем-то, какова бы не была природа того, что является составляющей этой совести, они вычленяют эту склонность из заблуждений и слабостей человека, и, при помощи этой склонности, они приглушают свет истины, а также извращают его - то есть любым способом причиняют личности волнение и мучения. Вдобавок к этому, они фиксируют его мысль на чем-либо определенном; и они заполняют эту мысль обманами, одновременно тайком увязывая злые желания этими обманами. Помимо этого они используют другие бесчисленные уловки, которые невозможно ни описать, ни понять. Таковы немногие, и только самые общие способы, с помощью которых они способны проникнуть в совесть человека, разрушение которой даёт им величайшее удовольствие. *AC 1820(2-4)*

Следствием этих атак является пробуждение специфических состояний человека, которые могут быть четко и ясно определены.

В состоянии искушения, человек предполагает, что Господь отсутствует, поскольку над ним издеваются злые джинны, и преследуют его настолько, что иногда его охватывает такое глубокое чувство безнадежности, что он едва ли верует в существование какого-либо вообще Бога. Тем не менее, в такой момент, Господь находится рядом с ним более, чем когда бы то ни было. Но как только искушение завершается, он получает утешение, и начинает верить, что Господь пребывает с ним. *AC 840*

Те, кто освобожден от искушений, поначалу впадают в темноту, перед тем как обрести ясность, так как заблуждения и зло, вливаемые в них адом, прилипают к ним на некоторое время, и исчезают не сразу, а постепенно. *AC 8199*

Эти болезненные негативные опыты могут быть весьма продолжительны.

Закон порядка, касающегося тех, кто пребывает в зараженном заблуждениями состоянии, таков, что они должны оставаться пораженными этими заблуждениями вплоть до отчаяния, поскольку иначе исчезает сама польза от данного состояния. *AC 7166*

Отчаяние является последней стадией этого состояния, поскольку тем самым, наслаждение своим самолюбием изымается, а его место занимается наслаждением от любви к добру и истине; потому что, в случае тех, кто проходит процесс перерождения, это отчаяние духовной жизни после лишения блага истины. Когда эти люди лишаются блага и истины, они отчаиваются в духовной жизни, следовательно, когда они выходят из состояния отчаяния, они испытывают наслаждение и счастье. *AC 5279*

Те, кто проходит искушения, и не занимаются никакой другой деятельностью, как молитвами, не имея ни малейшего понятия о том, что если искушения прервать до того, как они будут полностью завершены, то данные люди не будут полностью приготовлены для небес, и потому не смогут быть спасены. Также по этой причине, молитвы искушаемых являются ничем иным, как преждевременными, поскольку Господь стремится к достижению цели, то есть к спасению человека, - цель, в которой Он уверен, а человек нет. Потому Господь и не реагирует на молитвы, которые претят этой цели, которой является спасение. *AC 8179(3)*

Но конечный результат зависит от реакции свободной воли человека на опыт собственного искушения.

Люди должны понимать, признавать и верить, что спасение исходит только от Господа, здесь имеется в виду освобождение от искушений через Господа, а вовсе не от самих себя, поскольку это один из принципиальных предметов веры - вера в искушения. Тот, кто во время искушений верует, что он может сопротивляться благодаря своей собственной силе, может погибнуть, и причина этого заключается в том, что он находится в заблуждении, и следовательно приписывает заслуги себе, утверждая, что он спасает сам себя, а это является заблуждением; тем самым он отгораживает себя от живительного Божественного влияния. Тот же, кто верует в то, что лишь Господь может противиться искушениям, - побеждает; поскольку он пребывает в истине, приписывает все заслуги Господу, и признает, что его спасение совершается одним только Господом. *АС 8172*

В случае благополучного исхода, человек ощущает значительную перемену в своем состоянии.

Все те, кто проходит перерождение Господне, претерпевают искушения; после искушений они испытывают радость. Как только зло и заблуждения человека убраны, наступает конец его искушениям; и затем ликование струится с небес от Господа, и заполняет естественный ум человека... Причиной того, что человек радуется по завершению искушений, является то, что за этим у человека появляется возможность быть принятым на небесах; поскольку именно через искушения, человек воссоединяется с небесами и уже тогда вхож в них. *АЕ 897*

Столь же впечатляющими являются и духовные результаты.

Также, через искушения, умеряются такие страсти, как любовь к себе и ко всему мирскому, и человек обретает смирение. Таким образом он более подготовлен присоединиться к жизни небесной, той что от Господа, новой жизни, которая уготовлена перерожденному человеку. *АС 8966*

Посредством искушений духовный, или внутренний, человек приобретает власть над естественным, или внешним человеком, что присоединяет его к добру, которое милосердие и вера, и господствует над злом, которое любовь к себе и всему мирскому.

Когда это вступает в силу, человека озаряет понимание того, что истина и благо, а что зло и фальшь, и, с этих пор, он приобретает разумность и мудрость, которые потом, день ото дня, возрастают. *АС 8967*

Сила отчаяния (пребывающих в искушении) уступает перед ощущением счастья жизни от Господа, так как когда люди выходят из этого состояния, они подобны приговоренным к смерти, которых внезапно освободили из тюрьмы. Более того, путем одиночества и искушений, состояний противоположных небесной жизни, явился результат: удовлетворение и радость жизни небесной; потому, что чувство и оценка того, что оказалось теперь удовольствием и радостью, было бы недостижимо без сравнения этих противоположностей. *АС 6144*

Что касается внутреннего человека, то как только он побеждает искушение, он пребывает в небесах, в то время как его внешний человек остается, как и ранее, в мирском. Таким образом, посредством искушений, которым подвергается человек, небесное в нем объединяется со всем мирским; и затем Господь, постоянно пребывая в нем, управляет его миром с небес соответственно Божественному порядку. *TCR 598*

После каждого духовного искушения, наступает просветлённость и склонность к любви, что дает удовлетворение и радость; удовлетворение от просветления истиной, и радость от собственной склонности к добру. *АС 8367*

Когда духи, сущие во зле и фальши, побеждают духов, сущих в добре и истине, злые духи принуждены удалиться, а на добрых духов спускается с небес Господняя благодать, и эта благодать воспринимается человеком как примирение с самим собой. Однако радость и примирение происходят не на счет победы над искушением, но на счет слияния добра и истины, так как любое слияние добра и истины приносит внутреннюю радость, потому что такое объединение представляет собой небесное супружество в границах Божественного. *АС 4572*

Однако, если человек поддается искушениям, духовное состояние его ухудшается.

114

Поддаться искушениям, означает подтверждение заблуждений и зла против истин и добра веры... следовательно становится ясным, что, таким образом поддаваться искушениям является богохульством по отношении к истине и добру, а иногда даже и профанацией; и величайшим, и наиболее ужасающим проклятием из всех возможных является профанация. *AC 8169*

Искупление

В этой Божественной операции спасения, Господь, посредством ангелов, сражается на стороне человека в его битве с искушениями. Как только победа одержана, человек переживает глубокое внутреннее умиротворение. Это знак того, что он находится в состоянии, называемом искуплением, которое испытывается каждый раз через победу над своим внутренним злом.

Перерождение человека осуществляется, не столько отделением и освобождением от зла и заблуждений, как специфичным Господним искуплением, исходящего от Его всё охватывающего искупления. *Cor 21*

Целью искупления, и платой за него, является духовное умиротворение. *Cor (10)*

Итак, хотя Иисус Христос на земле преодолел в Себе силу зла всего человеческого рода, Божественная работа по спасению и искуплению всё еще продолжается.

Не нужно полагать, что такое искупление, однажды происшедшее в мире, и в продолжении будет делать всех искупленными; Господь непрестанно искупает тех, кто верит в Него и придерживается Его заповедей. *TCR 579 (3)*

Вера

Искупается ли и спасается ли человек своей верой? Всё это зависит от того, как понимается вера.

Есть много тех, которые провозглашают, что человек спасается своей верой, или, как они выражаются, достаточно того, чтобы он имел веру. Хотя большинство таких людей не имеет представле-

115

ния о том, что такое вера. Некоторые воображают, что это просто мышление; некоторые, что это признание чего либо, во что должно верить; иные полагают, что это вероучение в своей целостности, которому следует верить... Однако вера, это не просто мысль... ибо сама мысль никого не может спасти. *АС 2228*

Уверовать в предметы, которым учит Слово Божие или доктрина веры, и не жить в соответствии с этим, только кажется верой..., но одним этим никто еще не спасся, ибо это является верой самовнушения. *АС 9363*

Что же тогда означает для Сведенборга термин Вера?

Вера – это внутренняя склонность, исходящая из самого сердца, и состоящая из стремления к глубокому пониманию истины и добра, и это не ради доктрины как конечной цели, а ради самой жизни. *АС 8034*

Вера – это глаз любви. Господь зрим любовью через веру, и любовь является текущей жизнью веры. *АС 3863*

Вера без любви – мертва, а вера в совокупности с любовью - жива. *АС 9050*

У всех тех, кто пребывает в небесной любви, присутствует уверенность в спасении Господнем. *АС 9244*

Добросердечие (Каритас)

Сведенборг использует слово каритас (лат. caritas), описывая те качества духа, которые увеличивают любовь Господа к Своим детям.

Каритас (добросердечие) означает любовь и сострадание по отношении к своему ближнему, ибо всякий кто любит своего ближнего, как самого себя, так же имеет и сострадание к нему, как если бы он сочувствовал самому себе. *АС 351*

Добросердечие – это желание блага другому, обществу, своей стране, церкви, Царству Божьему и тем самым, Самому Господу. *АС 4776*

Никто не обладает мудрым и разумным восприятием того, что есть истина, пока добросердечие, то есть каритас, не господствует в нем. *AC 3412*

Те, кто обладает добросердечием, едва ли замечают зло в другом человеке, вместо этого они замечают в нем его добро и истину; а его злу и фальшивости находят положительную интерпретацию. Подобным естеством обладают все ангелы, это они заимствуют от Господа, который склоняет всякое зло к добру. *AC 1079*

Сама добросердечность, в первую очередь, взирает на добро в человеческой душе, и любит его как то, благодаря чему и происходит воссоединение (с Господом). *Char 60*

8

АНГЕЛЬСКАЯ СУЩНОСТЬ

Сведенборг описывает множество впечатлений от своих встреч с ангелами. Но истинно ангельские свойства возможно познать только из глубины самого себя, и, отталкиваясь от этого, познавать эти свойства в других. Так было и с самим Сведенборгом. Описанные им столкновения с ангельскими феноменами, вели его к открытию самого себя. Изучая эти описания, мы также сможем открывать самих себя. Нижеследующее дает нам представление об этой небесности в "обновлённом" Сведенборге, который с глубоким чувством описывает те качества, которые ранее, до его собственного прозрения, едва им упоминались.

Абстрактное Мышление и Речь

Общение с ангелами, как этого можно было бы ожидать, носит куда более универсальный характер разговорной речи, чем та, которая употребляется на среднем уровне человеческого общения. В жизни иной, особенно на небесах, все мысли, и, следовательно, всякая речь, осуществляются во вне-персональном смысле, и оттого и мышление и речь являются универсальными, и, относительно, не имеют пределов; ибо до тех пор пока мышление и речь ассоциируются с конкретными людьми, с их специфическими качествами и именами, а также с выбором слов, их общение является менее универсальным, так как ассоциируется с конкретными вещами и на этом останавливается. С другой стороны, как только это общение не связано с отдельными индивидуальностями и их окружением, оно отрывается от реальных вещей через абстрактное мышление, и чем дальше от конкретного, тем более расширяются пределы общения, и ментальный кругозор переходит на более высокий уровень, становясь более универсальным. *AC 5287*

119

Абстрактная речь, то есть речь отличающаяся от речи человека, является ангельской речью, поскольку на небесах мыслят в единицах, не связывая их с индивидуальностями. Ибо там, когда личность также является предметом размышления, целое ангельское общество, к которому эта личность принадлежит, приходит в возбуждение, и это определяет мысль и фиксирует её; так как в небесах там где возникает мысль, там же есть и присутствие, а присутствие привлекает к себе мысли тех из кого состоит это общество, и тем самым может потревожить там Божественный приток (influx). В действительности, на небесах, абстрактная мысль о какой-либо единице, распространяется во всех направления, повторяя небесную форму, согласно которой оперирует Божественный приток, и это происходит без нарушения порядков любого общества. Такого рода осторожное распределение по разным сферам этих сообществ не может никого обеспокоить или отвлечь от свободы мыслить соответственно Божественному влиянию. Иначе говоря, абстрактное мышление пронизывает небеса, нигде не задерживаясь; тогда как мышление, увязанное с личностью или местом, является зафиксированным. *AC 8985*

Любовь

Мы уже рассматривали природу Божественной Любви ранее, но каким же образом ангельское существо воспринимает Любовь Бога и отвечает на Неё?

Природа Божественной любви превосходит всё человеческое понимание и представляется невероятной тем людям, которые не имеют понятия о существовании небесной любви, в которой пребывают ангелы. Чтобы спасти душу от ада, ангелы без раздумья пожертвуют собственной жизнью; если бы это было возможно, они сами предпочли бы выстрадать ад, вместо иной души. Следовательно их наибольшее наслаждение - сопутствовать восставшей из мертвых душе на небо. Однако, ангелы признают, что эта любовь проистекает не от них самих, а до малейшей частицы она в них от самого Господа. *AC 2077(2)*

Небесная или божественная Любовь не желает существовать ради самой себя, а для всех, чтобы делиться всем, чем Она владеет, с другими. В этом то по существу и заключается небесная любовь. *AC 1419*

120

Безвременье

В естественном состоянии человек чувствует себя ограниченным течением отмеренного ему времени, и зачастую до такой степени находится под влиянием прошлого и обеспокоен по поводу будущего, что наличие вечности избегает его сознания.

Я вёл беседы с ангелами по поводу их памяти прошедшего и беспокойстве о грядущем, где мне было объяснено, что чем более ангелы внутренни и совершенны, тем незначительнее для них и прошлое и тем меньше они думают о будущем, и что это также составляет их счастье. Они говорят, что на каждый момент Господь определяет их мысли, и отсюда проистекает их счастье и благодать, и оттого то они и живут свободно без забот и волнений... Несмотря на то, что ангелы не заботятся о прошлом, и их нисколько не волнует будущее, они всё равно владеют совершенной памятью, и интуицией в отношении будущего, так как и прошлое и будущее заключается в их настоящем. *AC 2493*

Когда человек пребывает в состоянии любви или божественного влечения, он пребывает в ангельском состоянии, которое, так сказать, не подвластно времени, если только не содержит в себе нетерпения,.. но во влечении подлинной любви, человек отвергает от себя всё мирское и телесное, так как его разум поднимается к небу, и это лишает его ощущения времени. *AC 3827*

Ангелы... не имеют представления, что такое отрезок времени, так как действие солнца и луны не осуществляет для них никакого подразделения времени. Вследствии этого, они не имеют понятия какой сейчас день или год, но чувствительны только к различным состояниям и их сменам. *AC 488(3)*

Чем более совершенны и внутренне глубоки ангелы, тем отдаленнее их память о прошедшем, и именно в этом заключается их счастье, потому что в каждый момент Господь дарует им то, что им приятно, то о чем они думают и то что им подходит. *SD 2188* Когда состояния определяют время, время является только видимостью. В состоянии радости время протекает быстро, а в безрадостном состоянии тянется долго. Из этого очевидно, что время в духовном мире является ничем иным, как качеством состояния. *DLW 73*

Вечность... постоянно проходит манифестацию посредством времени у тех, кто обитает во времени... Настоящее у ангелов включает в себя совместно и прошлое и будущее. Таким образом, они не испытывают никакого беспокойства по поводу будущего. *AC 1382*

Свобода

Кажущийся парадокс ангельской свободы - то, что чем теснее связь с Богом, тем больше свободы для выражения истинной индивидуальности - этот кажущийся парадокс ангельской свободы объясняется ниже Сведенборгом.

Небесная свобода заключается в существовании, направляемом Господом. *AC 9589*

Чем больше человеку кажется, что он является хозяином самого себя, тем яснее его ощущение принадлежности Господу, так как, чем теснее его связь с Господом, тем мудрее он становится, ... ангелы третьего неба, наиболее мудрые из всех ангелов, называют это самой свободой; а рабство величают руководство самим собой. *DP 44*

Поскольку всё, что человек осуществляет свободно от самого себя, представляется ему его собственным, так как он делает это по любви... из этого следует, что связь с Господом создает у человека иллюзию свободы и ощущение того, что он себе хозяин; и чем теснее его союз с Господом, тем более свободным он себе кажется, и следовательно, тем более он выглядит хозяином самого себя. Он чувствует себя главой самому себе оттого, что Божественная Любовь желает, что всё, чем Она владеет, должно принадлежать другому. *DP 43(2)*

Проприум (самодостаточность, эго)

В противоположность некоторым духовным учения, самодостаточность, или эго, никогда не уничтожается полностью, но только (повторно) отталкивается в сторону бытием в Боге и собственным выбором человека. Это относится к действительности подобно ангельскому состоянию после смерти, также как и состоянию в этой жизни, ибо без самодостаточности не существует и свободы выбора. Таким образом, ангелам предоставлена свобода принимать любовь и мудрость вместо эгоцентризма прежней самодостаточности.

Ангелы не являются ангелами по причине своей самодостаточности. Их эго точно такое же как и у человека, а это, по сути своей зло. Самодостаточность ангела проистекает оттого, что все ангелы когда то были людьми, и с рождения обладали самодостаточностью. Насколько они смогут опустошить себя от ощущения самодостаточности, настолько же они высвободят в своей душе пространство для пополнения любви и мудрости, то есть приятие внутрь самого Господа. Господь может пребывать в ангелах только в том, что Его собственное, а именно в том, что принадлежит Ему самому, что и представляют собой любовь и мудрость, и определенно не в той ангельской самодостаточности, которая является злом. Таким образом, насколько это их зло удалено, настолько Господь в них пребывает, и настолько же они являются ангелами. Самое ангельское на небесах, это Божественная Любовь и Мудрость. Божественное зовется ангельским, когда оно существует в ангелах. Отсюда становится ясным, что ангелы являются ангелами от Господа, а вовсе не от самих себя. *DLW 114*

Ангельское состояние в небесах таково, что они не желают и не действуют, и даже не думают и не говорят, вовсе ничего от самих себя, или от своего проприума (эго). В этом то и состоит их слияние с Господом... Это состояние ангелов является по сути небесным, и когда они пребывают в нем, то находятся в покое и отдохновении, а когда они в мире и отдохновении, то и Господь в покое, ибо когда они соединены с Ним, им уже не надо более напрягаться, поскольку они в Господе. *AC 8495(3)*

Невинность

Небесное состояние свободно от чувства вины, или долга, поскольку внутреннее Божественное само ведет и действует, даже если ангел чувствует, что он всё решает и определяет как бы сам по себе.

Так как невинность состоит в существовании ведомом Господом, а не самим собой, то все, обитающие на небесах пребывают в состоянии невинности; так как всем, живущим там нравится быть ведомыми Господом, потому что они знают, что управлять самим собой означает быть ведомым проприумом, и что самодостаточность заключается в любви к себе, а кто любит сам себя, не терпит, что бы им руководил кто-либо иной. Поэтому ангел настолько пребывает в состоянии невинности, насколько он находится во внутренних небесах или в третьих небесах... Ангелы этих небес более других любят быть ведомыми Господом, как малые детьми отцом своим. По той же причине, Божественная истина, которую они тут же воспринимают от Господа или через Слово и проповеди, моментально адаптируется их волей, и воплощается в жизнь... Эти ангелы внутренних небес по своей принадлежности таковы, что они наиболее приближены к Господу, от которого они получают свою невинность. При этом они настолько отделены от своей самодостаточности, что как бы пребывают в Господе. По внешнему виду они кажутся простыми, и на взгляд ангелов нижних небес кажутся малыми детьми, то есть очень маленькими и не очень-то и мудрыми. На самом деле они наимудрейшие из всех ангелов неба; ибо они знают, что сами по себе не обладают мудростью, и что сознание этого и является мудростью. Всё их собственное знание является ничтожным, в сравнении с тем, чего они не знают; и они говорят, что знание, постижение и ощущение этого является первым шагом в направлении мудрости. Эти ангелы нагие, поскольку нагота соответствует невинности. *НН 280*

Оттого, что невинность является внутренней сутью всего небесного блага, она воздействует на умы таким образом, что тот, кто её ощущает, как например, через приближение ангела самых внутренних небес, он видится самому себе вне контроля собой, и проникается такой сильной радостью, с которой никакая иная радость просто несравнима. *НН 282*

Невинность представляет собой желание быть направляемым Господом, а не самим собой. Следовательно, человек настолько невинен, насколько он отрешился от своей самодостаточности. *НН 341*

Невинность не приписывает себе никаких благ, а относит все блага за счёт Господа.... в высшем смысле, ангел - это мудрое дитя. *НН 278(3)*

124

Умиротворение

Корнем всех человеческих проблем являются иллюзии собственного эго - от того, что он независим и самодостаточен, и что он сам себе хозяин. Прекратите впадение в это заблуждение, и вы станете ощущать небесные состояния, в особенности умиротворение.

Состояние покоя и умиротворения (в небесах) не имеют другого источника, чем тот, из которого ангел постигает всё струящееся в него; и что зло не принадлежит ему, так же как и благо; и таким образом он пребывает умиротворённым и всё же вбирающим в себя благо. *SD (minor) 4696*

Тот, кто наделен небесной сущностью, также находятся в покое и умиротворении, ибо доверяется Господу и надеется, что никакое зло не достанет его и знает, что никакие дурные наклонности не смутят его. *AC 5660*

Покой несет в себе уверенность в Господе, в то, что Он правит всем сущим, обеспечивает всё сущее, и направляет всё к наилучшему исходу. Когда человек пребывает в вере в отношении этого, то он спокоен, ибо бояться ему больше нечего, и никакие заботы не нарушат его спокойствия. Человек обретает это состояние пропорционально степени его любви к Господу.... Умиротворение является высшим из всех наслаждений, даже в том что само по себе не является наслаждением, хотя принадлежит человеку, пребывающему во благе. Насколько он в состоянии отбросить от себя всё внешнее, настолько открывается ему состояние умиротворения, и настолько же подвержен он удовлетворению, благословению и благодати, проистекающими от самого Господа. *AC 8455*

Невинность и умиротворение нераздельны, так же как добро и восторг, присущие маленьким детям, которые, пребывая в невинности, обладают умиротворённостью, и от этого, всё их существо наполнено забавами. *HH 288*

Мудрость

На эту тему существует великолепный парадокс, который состоит в том, что чем больше ты знаешь, тем больше ты сознаешь, что ничего не знаешь. Таким образом, мудрейшим является тот, кто наиболее смиренен.

Ангельская мудрость включает способность различать добро и истину в вещах, без каких либо предшествующих рассуждений. *AC 1385*

То, что ангелы сами по себе не владеют мудростью и интеллигентностью, открыто признаётся ими самими; более того, они негодуют, если кто-либо приписывает им мудрость и разумность, ибо они знают и понимают, что это будет означать присвоение ими Божественного, а присваивать себе то, что им не принадлежит было бы проступком духовной кражи... Ангелы постоянно совершенствуются Господом, и всё-таки они никогда, даже в границах вечности, не смогут стать совершенны настолько, чтобы сравняться с Божественной мудростью и интеллигентностью Господа; ибо они конечны, а Господь бесконечен. *AC 4295(2,3)*

Мудрость ангелов невозможно описать словами, но она может быть проиллюстрирована в самых общих чертах. Ангелы могут выразить одним единственным словом то, что человек не сможет выразить и тысячью слов. Более того, каждое слово ангела включает бесчисленное множество значений, которые не могут быть выражены словами человеческого языка. Это потому, что каждое слово, произнесенное ангелом содержит аркану мудрости, постоянная связь с которой никогда не станет достижима людскому знанию... Ангелы внутренних небес могут, по звуковому тону и нескольким словам говорящего, распознать всю его жизнь. *HH 269*
Истинная невинность представляет собой мудрость. Так как настолько тот мудр, насколько он любит быть ведомым Господом; или, что то же самое, насколько он ведом Господом, настолько он и мудр. *HH 341*

Нижеследующие наблюдения над сущностью мышления перекликаются с одной из теорий Сведенборга о происхождении материи в его книге Principia. Его рассуждения каждодневно, более и более, подтверждаются современной наукой.

Каждая крупица твоей мысли, и каждая капля твоей склонности, является частицей бесконечности, и пока ты видишь свои идеи как частичные, ты мудр. Знай, что всё что является частью, стремится стать множественной составной частью, вместо того чтобы стать более и более упрощенной; потому что делясь вновь и вновь, она всё более приближаются к бесконечности, в которой все вещи существуют бесконечно... Единичная естественная идея является сосудом бесчисленных духовных идей... где одна натуральная идея представляет собой сосуд, содержащий бесчисленные небесные идеи. Таким образом различие между небесной мудростью, в которой пребывают ангелы третьего неба, и духовной мудростью, в которой пребывают ангелы второго неба; а также между предыдущей и естественной мудростью, в которой находятся ангелы конечного (низшего) неба, а также и людской род. *CL 329(2,3)*

Радость

На глубине, душа состоит из тончайших градаций. Чем тоньше и чувствительнее качество духа, тем выше частоты внутренней вибрации. Это ощущается как восхитительное внутреннее содрогание и называется радостью.

Сама по себе, небесная радость по сути неописуема, так как она пребывает в самом сокровенном бытие ангелов,.. как будто их внутреннее совершенно открыто и свободно для восприятия блаженства и благословения, поступающего по всем фибрам, и таким образом, через всё его существо. Оттого восприятие и ощущение этой радости так велико, что превосходит всякое описание. Ибо то, что инициируется внутренним, вливается в каждую внутреннюю частицу, распространяясь далее и усиливаясь по мере приближения к внешнему. *HH 409*

Радость ангелов происходит от любви к Господу и от милосердия к ближнему, - то есть, когда они совершают что-либо из любви и милосердия, их охватывает такая радость и такое счастье, что выразить их невозможно... Небеса и небесная радость появляются в человеке тогда, когда через совершаемые им служения, умирает его предпочтение себя. *AC 5511(2)*

Я заметил, что когда я желал отдать все свои радости другому, тогда более внутреннее и усиленное удовольствие постоянно вливалось на место предыдущего. И чем более я этого желал, тем более усиливалась полученная радость, и наконец я понял, что это было от Господа. *HH 413*

Радость представляет собой удовольствие сделать что-либо полезное для себя или других; и, радость приносить пользу, по существу происходит от любви там, где любовь ведёт начало от мудрости. Радость служения, ведущая начало от любви посредством мудрости, является духом и бытием любой небесной радости. В небесах существуют наиболее радостные сообщества, оживляющие разум ангелов, доставляющие им интеллектуальные удовольствие, радость в груди и отдохновение в теле. Но наслаждение это приходит только после того, как ангелы принесут пользу исполнением своих обязанностей и забот. Это принесение пользы придаёт жизнь и духовность всем их радостям и удовольствиям, и отнять это было бы равно лишению их жизни или души. Сопутствующая им радостность постепенно сменилась бы безрадостностью, поначалу безразличием, затем бездельем, и под конец печалью и беспокойством. *CL 5(3,4)*

Внешние райские удовольствия являются умеренными удовольствиями телесных ощущений, но внутренние удовольствия рая представляют собой наслаждения души. Если последнее не присутствует в первом, то нет никакой небесной жизни, потому что там отсутствует дух, а без присутствия духа любое наслаждение постепенно ослабляется, и иссякает и ощущается разумом как тяжкий труд. В небесах везде разбросаны райские сады, и ангелы черпают в них наслаждение, но могут наслаждаться этим только пока они ощущают в них присутствие духа. *CL 8(4)*

Печаль

Без способности ощущать печаль невозможно испытать и радость - она просто не будет распознана. Таким образом, печаль также является частью ангельского опыта.

Эти ангелы пребывают в печали, касающейся земного мрака. Они утверждают, что это почти невозможно где-либо углядеть свет, и что люди находятся под влиянием фальшивых учений, подтверждают их, и таким образом умножают ложь за ложью... В особенности, ангелы огорчаются о том, что утверждения вероисповедания отделены от милосердия, и следовательно, от самой справедливости. Они также расстраиваются по поводу людских представлений о Боге, ангелах и духах, а также по поводу их невежественности в вопросах любви и мудрости. *DLW 188*

Когда ангелы пребывают в своём проприуме (самодостаточности), они печалятся..., хотя и утверждают, что надеются вскоре вернуться к своему прежнему состоянию, которое как бы соответствует возвращению в небеса. Это потому что небеса предохраняют их от чувства самодостаточности. *HH 160*

Восприятие

Для Сведенборга, восприятие представляет собой способность видеть внутреннюю реальность, сквозь иллюзорный занавес эгоистичной самодостаточности.

Ангелы ощущают то, что живут они от Господа, и всё таки, когда они не размышляют на этот предмет, у них нет сомнений в том, что живут они сами по себе. Но там существует универсальное воздействие, по которому они сразу чувствуют изменения, происходящие по причине их малейшего отступления от добра, ведущего своё происхождение от любви, или от истин веры. Следовательно, ангелы испытывают неописуемое умиротворение и довольство, в случаях когда это универсальное присутствие пребывает с ними, а это то, что вся жизнь их от Господа. *AC 155(2)*

Ангелы самых внутренних небес воспринимают множество того, что происходит от Господа, и множество того, что от них самих, но покуда это от Господа, - они счастливы, а если от самих себя - то нет. *AC 2888*

Те, кто в небесах, обладают более острым чувственным восприятием, то есть более острым зрением и слухом... Небесный свет, так как он представляет собой Божественную истину, разрешает глазам ангелов воспринимать и распознавать мельчайшие вещи. Более того, их внешнее зрение соответствует их внутреннему зрению, то бишь пониманию. Потому что у ангелов один тип зрения переходит в другой, и функционирует как единое зрение; и это придаёт им невероятную остроту зрения. Подобным же образом, их слух соответствует их восприятию, которое относится и к пониманию и к воле, и в следствии этого, через тон и выбор слов говорящего, они воспринимают все наболее утонченные нюансы его мыслей и наклонностей; в тонах голоса распознаются вещи относящиеся к его склонностям, и в словарном выборе вещи относящиеся к его мыслям. Хотя вся остальная чувствительность ангелов уступает их зрению и слуху, по той причине, что и зрение и слух служит их уму, интеллигентности и мудрости, а всё остальное - нет. И если бы их остальные чувства были бы равно остры, они бы только отвлекали ангелов от света и удовольствий их мудрости, и могли бы увести их к наслаждениям плоти; и таким образом помрачить и ослабить их понимание. *HH 462a(2)*

Те, кто пребывает во внутреннем небе, в каждом предмете различают Божественное; они видят предметы своими глазами, хотя в то же время, соответствующие Божественные предметы тут же внедряются в их разум и заполняют его благодатью, влияя на все их ощущения. Вот отчего всё предстающее их глазам, кажется радостным, играющим и живущим. *HH 489(3)*

Манера поведения (Аттитюд)

Ключ к манере поведения ангелов состоит в том, чтобы видеть во всём, с чем имеешь дело, добро и любовь. Оказаться во внутренних небесах можно только тогда, когда ищешь и находишь внешние небеса.

Люди, которые обладают милосердием, видят в ближнем ничто иное, как добро,, и не говорят ни о чем ином как о добре, и это не ради самих себя, или во благо тех, от кого они зависят, но от Господа, как от присущего им милосердия... Они подобны ангелам-хранителям... Ангелами управляет ничто иное, как истина и добро; а такие вещи как зло и фальшивость они прощают. *AC 1088* Ангелы постоянно оберегают людей и защищают их от зла, которое злые духи направляют против них. Они предотвращают даже фальшь и зло в человеке, так как им прекрасно известно, откуда у человека появляются зло и фальшь - от злых духов и джиннов. *AC 761*

Есть такие люди... которые подобно ангелам желают, если бы это было возможно, чтобы их умы открылись и чтобы то, что они думают, было ясно всем остальным; поскольку они стремятся приносить добро ближнему; и если в ком либо они видят зло, они это извиняют. *AC 6655*

Могущество

Как и можно было бы предположить, в духовном мире ангелы обладают невероятным могуществом.

Любую преграду (в духовном мире), которую надлежит удалить потому, что она противостоит Божественному порядку, ангелы низвергают, или сбрасывают, минимальным усилием своей воли или взглядом. Так я наблюдал как горы, населенные злом, низвергались и разрушались, а иногда сотрясались снизу доверху словно при землетрясении. *НН 229*

От одного взгляда ангела злой дух падает в обморок. *НН.232*

Ангелы владеют силой ограничения злых духов... Они используют эту силу время от времени, в основном в защиту человека, спасая его от множества адских несчастий, и это производится тысячами разных способов. *АС 6344(4)*

Тем не менее они глубоко понимают, что ничто из этого могущества не принадлежит им самим.

Один единственный ангел является более могущественным чем десять тысяч адских духов, хотя не сам по себе, а от Бога. Эта Божья сила присутствует в нем соответственно его вере в то, что лишь сам по себе он ничего не сможет достигнуть. Вера эта соответствует размеру его скромности и склонности к служению другим, то есть тому, насколько он пребывает в добре, суть которого составляет любовь к Господу, и в милосердии, что по сути любовь к ближнему, присутствующая в ангеле. *АС 3417(3)*

Наибольшим могуществом обладает тот, кто верит, стремится и ощущает то, что вся сила идёт от Господа, а вовсе не от него самого; и таким образом те, кто воистину обладает небесной силой, совершенно не склонны использовать силу, исходящую от них самих. *АС 5428(2)*

У самих ангелов нет никакого могущества от самих себя, а вся их сила от Господа; и пока они это признают, они могущи. Если кто-то среди них верит, что одарен своей собственной силой, то ослабевает настолько, что не способен устоять даже перед одним единственным злым духом. По этой причине ангелы не приписывают никакой заслуги себе, и не терпят никакого поощрения и славы в счёт своих деяний, приписывая их Господу. *HH 230*

Однако, ангельское могущество отличается по своему естеству от земного представления о могуществе.
Духовная сила заключается в желании блага другим, и, насколько это возможно, в желании поделиться с другими тем, что в тебе. *AE 79(2)*

Гармония и Единодушие

Важность обладания свободой, быть самим собой, - истинно собой, подчеркивается в нижеследующих текстах. Гармония не является результатом однообразности или повторения, но результатом вариаций.

Ангельское небо, как единое целое, состоит из бесчисленных вариаций, ни одно существо там абсолютно не напоминает другое, ни душой или умом, так же как ни своими наклонностями, восприятием и проистекающими из них склонностями и мыслями, а так же тоном голоса, лицом, телом, манерой, походкой и многим другим. И несмотря на то эти жители насчитывают мириады и мириады, они организованы, и постоянно организуются Господом, в единую форму, пребывающую в абсолютной гармонии и в ладу. Это не было бы возможно, если бы все ангелы не подчинялись бы и универсальному и индивидуальному управлению Его Одного. *CL 324*

Благодать состоит в единодушии и гармонии, так что многие, даже очень многие, кажутся себе одним, ... ибо множественность их гармоний составляет его Одного, того от которого проистекает благодать и счастье. И от счастливого единодушия удваивается или утраивается их состояние счастья. *SD 289*

9

ДУХОВНЫЙ МИР

Восновном, духовный мир является миром склонностей и мыслей. Тем не менее, он открывается глазам духов в своих собственных соответствующих формах, созидая мир, который воспринимается через опыт физических ощущений. Сведенборг подчеркивает очевидную прочность и истинную реальность этого зримого и чувственного мира, который в совершенстве отражает актуальное состояние духа, испытывающего данное состояние.**

Образы, которые являются в следующей жизни, представляют собой проявления, хотя они и являются живыми представлениями, так как рождены светом самой жизни. Свет жизни - это Божественная Мудрость, получаемая лишь от Господа. Следовательно, всЁ порожденное этим светом, в противоположность тому, что ведёт начало от света мирского, реально. По этой самой причине, люди из следующей жизни несколько раз говорили мне, что всё, что они испытывают здесь, реально, тогда как то, что человек испытал в предыдущей жизни, по контрасту - нереально. Причина этого состоит в том, что в первом случае жизнь продолжается, и живущий обладает возможностью влиять на своё последующее бытие, в то время, как люди в последующей жизни не живут, и уже не могут непосредственно влиять на свою жизнь, за исключением тех случаев, когда их мирские качества, воссоединятся в них уместным и соответственным образом с тем, что относится свету небесному. AC 3485

Ходьба, прибытия и отъезды, являют собой ничто иное, как смену интерьеров; но тем не менее, в глазах духов и ангелов, они выглядят в точности как ходьба, прибытия и отъезды... эти проявления настолько реальны, что духи совершенно не подозревают откуда они происходят; их это вовсе не интересует; хотя небесные ангелы знают истину, но держат её при себе. Это по воле Божественного Провидения, чтобы каждому казалось, что он живет и действует сам по себе. *SD 5646*

Всё существующее в духовном мире куда более реально, чем то, что существует в естественном мире, так как то, что природа прибавляет к духовному, - мертво, и не порождает реальности, а уменьшает её. *AE 1218(3)*

Дух, как личность, радуется всеми своими чувствами, и внешними и внутренними, всему тому, чем он ранее наслаждался в мире; он видит как и прежде, слышит и говорит как делал прежде, внимает запах и чувствует вкус как прежде, как и ранее, осязает прикосновение; он также стремится, тоскует, желает, мыслит, рассуждает, имеет наклонности, любит, хочет как прежде; и тот, кто имеет пристрастие к учебе, читает и пишет по прежнему. Иными словами, когда человек переходит из одной жизни в другую, или из одного мира в другой, это напоминает переезд с одного места на другое, где ты уносишь с собой всё, чем обладал будучи человеком; таким образом нельзя говорить, что после смерти, которая по сути является лишь смертью земного тела, человек теряет всё, ему принадлежащее. **HH 461(2)**

Вообще, что бы не появлялось в небесах, представляет собой то же самое, что существует в трех царствах нашего материального мира... Золото, серебро, медь, олово, свинец, драгоценные и не драгоценные камни, почва, земля, горы, холмы, долины, вода, фонтаны, и всё остальное, относящееся к минеральному царству, присутствует здесь. Парки, сады, леса, фруктовые деревья любого сорта, лужайки, посевные поля, долины полные цветов, растения и травы всех видов - всё это здесь в наличии; так же как и всё порожденное ими - масла, вины, все виды соков и остальных продуктов растительного царства. Земные животные, пернатые в небесах, рыбы в морях, рептилии, и тому подобное каждой разновидности, обитает здесь; и все эти существа так сходны с земными, что их невозможно различить. Я наблюдал их, и не смог найти никакого отличия. Но на самом деле, это различие таково, что всё

134

сущее на небесах имеет духовное происхождение; тогда как всё то, что есть в нашем земном мире, имеет материальное происхождение. *AE 926*

Тройное Подразделение

Духовный мир можно определить тремя основными подразделениями - областью прекрасного, отражающей небесную внутреннюю духовную сущность (небеса); областью уродства, отражающую внутреннюю глубину адского духа (Ад); и междоусобную область (мир духов), в которой небеса и ад, одновременно или поочередно, могут быть действенны.

Духовный мир состоит из небес и ада; небеса над головой, а ад под ногами, но не в центре земного шара, на котором живут люди, а под странами духовного мира. Этот мир духовного происхождения, и потому он не простирается в пространстве, но является лишь иллюзией пространства. Между небом и адом существует огромное пространство посредничества, которое представляется миром совершенства тем, кто в нем обитает... Каждый человек или дух этой области, существует там единственно для того, чтобы он мог обладать волей свободного выбора. Так как эта область очень обширна, она представляется тем, кто там находится, как огромный шар, и называется это миром духов... В мире духов не существует чистилища. *TCR 475(2-4)*

Между небом и адом существует промежуточная область, называемая миром духов. Каждый попадает туда сразу после смерти, и духи здесь взаимодействуют друг с другом точно так же, как люди взаимодействуют друг с другом на земле. DF 63(3)

Каждый человек после смерти поначалу попадает в мир духов, который расположен на полпути между небесами и адом, и там он проводит своё время, а именно проходит состояния, соответствующие ступеням его жизни,   приготовляясь либо к небесам, либо к аду. Покуда он пребывает в том мире, он зовется духом. Тот, кто поднят на небо из этого мира, называется ангелом, а тот, кто сброшен в ад, называется сатаной или дьяволом. Пока они пребывают в мире духов, тот, кто приготовляется для неба, называются ангельским духом, а тот, кто для ада - адским духом. В это время, ангельские духи воссоединяются с небом, а адские - с адом. Все существа духовного неба связаны с людьми, так как люди, в отношении внутренней природы их разума, аналогичным образом пребывают между небесами и адом, и, соответственно их бытию, и через посредничество этих духов, сообщаются либо с небесами либо с адом. Тут должно знать, что мир духов - это одно, а духовный мир - это совершенно иное. Мир духов таков, как он описан выше; но духовный мир включает в себя как этот мир, так и небеса и ад. *DLW 140*

Все в духовном мире распределены по своим определенным четвертям. На востоке живут те, кто находится в благе от Господа, ибо здесь есть Солнце, в центре которого сам Господь. На севере живут те, которые пребывают в невежестве, на юге те, кто пребывают в разумности, а на западе те, которые живут во зле. Люди пребывают в этом промежуточном или междоусобном месте, между адом и небом, не телом, но духом, и как только их дух изменяет свое состояние, склоняясь к добру или ко злу, они переводятся в соответствующее место в одной из областей, и вступают в общество проживающих там. Однако необходимо знать, что это не Господь перемещает человека в то или иное место, но сам человек влияет на эти перемены. *TCR 476*

После смерти каждый человек сам отправляется в собственную область, и объединяется с теми, чья жизнь была схожа с его собственной; ибо любовь соединяет каждого с теми, кто ему подобен, и дает ему возможность дышать свободно и продолжать жить на уровне его прежней жизни. Однако постепенно, дух освобождается от всего внешнего, не соответствующего его внутреннему состоянию, и, по завершению этого процесса, добрых принимают на небо, а злые низвергаются в ад, каждый в компании тех, с кем он был объединен, ведомый своей любовью. *TCR 477*

Первоначальное поступление

Сведенборг описывает свой изначальный опыт в духовном мире, когда он как бы умер и очнулся в мире духов. Интересно, что этот опыт удивительно схож с современными описаниями ощущений в случаях пробуждения после клинической смерти.

Я был приведен в бессознательное состояние, так что мои физические ощущения отсутствовали - практически в состояние уми-

136

рающего человека. Однако, моя более внутренняя жизнь, включая мышление, оставалась не затронута, так, что я мог внимать и помнить всё происходящее, то есть то, что происходит с людьми, которые пробуждаются после смерти. Я заметил, что физическое дыхание почти совсем отсутствовало; оно было заменено более внутренним дыханием духа, сливавшимся с едва заметным дыханием тела. Далее установилась связь между моим сердцебиением и небесным царством (так как это царство соответствует человеческому сердцу). Я даже видел на расстоянии тамошних ангелов; но два из них сидели у моего изголовья. Результатом было то, что я лишился почти всех персональных чувств, несмотря на то, что мышление и понимание оставалось как и прежде. Я находился в этом состоянии несколько часов. Затем духи, которые меня всё ещё окружали, провозгласили, что я мертв... Ангелы, сидевшие у моего изголовья, пребывали в молчании, хотя мысли их сообщались с моими. Когда их мысли восприняты, для ангелов это означает, что дух человека готов к тому, чтобы его вывели из тела...

У меня создалось чувство, что ангелы поначалу пытались определить, что представляет собою моё мышление, если оно схоже с мышлением умерших людей, которые обычно думают о загробной жизни... В особенности, мне было разрешено понять и почувствовать, как из моего тела вытягивалось всё больше и больше внутренних элементов моего разума - и соответственно духа.

Мне было сказано, что это делается Господом, и что этот процесс является источником воскрешения. Когда небесные ангелы пребывают с тем, кто был пробужден, они не оставляют его, так как они любят всех и каждого. Но если этот дух таков, что не способен более пребывать в содружестве с небесными ангелами, он сам хочет отделаться от них. В этом случае появляются ангелы из Господнего духовного царства, через которых дух одаряет человека преимуществом света небесного... Мне было также продемонстрировано, как это происходит. Эти ангелы, так казалось с виду, сдвигают веко с левого глаза в направлении к переносице, чтобы глаз открылся и мог видеть... Как только эта пелена кажется сдвинутой, становится видно нечто сияющее, но как бы затуманенное, подобно тому как человек начинает видеть нечто спросонья через полузакрытые веки.

В тот момент, это яркое затуманенное нечто показалось мне как бы имеющим небесный цвет, но тут мне было сказано, что это варьируется. Затем я почувствовал, как нечто мягко скатывалось с моего лица, и в меня вошло духовное мышление. Это скатывание с лица было тоже только кажущимся, и оно служит живописным знаком перехода человека от естественного мышления к духовному. Ангелы предпринимают всевозможные меры предосторожности, с целью предотвращения возникновения каких-либо структур мышления, не имеющих отношения к любви в пробуждающемся человеке. Затем они сообщают ему, что отныне он дух.

После того, как ему была дарована привилегия жизни, духовные ангелы предлагают своему новоявленному всевозможные услуги, в которых он может нуждаться в этом состоянии, и учат его всем принадлежностям этой последующей жизни, но только в той степени, в которой он способен это воспринять. Если он не принадлежит сорту индивидуальности, стремящейся к образованию, то пробужденный может потребовать освободить его от общества данных ангелов. Хотя это не ангелы, которые оставляют его; но это он сам отдаляется от них... Как только дух отчуждает себя от ангелов, его перехватывают добрые духи, которые предлагают ему свою помощь, покуда он пребывает с ними в сообществе. Но если его мирская жизнь была такова, что делает сообщество с добрыми духами невозможным, он также просит освободить себя от них.

Это происходит до тех пор, пока он не присоединяется к тому сорту духов, который полностью соответствуют его мирской жизни, среди которых он находит соответствующий ему образ жизни. *НН 449, 450*

Когда человек после смерти поступает в духовный мир, что обычно случается на третий день после его последнего вздоха, он воображает себя таким же живым, как он и был прежде, проживающим в похожем доме, комнате и спальне, одет в похожую одежду, с похожими сожителями по дому.... Причина того, что это испытывается каждым человеком после его смерти, состоит в том, чтобы каждому умершему смерть казалась не смертью, а продолжением его жизни, и чтобы последний акт мирской жизни смог стать первым актом жизни духовной; и, чтоб с этого момента, он мог продвигаться по направлению к своей цели, которая находится либо на небесах, либо в аду. Причина того, что только что умершие испытывают это сходство во всём, состоит в том, что их разум находится не только в голове, но пронизывает собой всё тело, поскольку он имеет похожее тело, так как тело является органом разума, и функционирует без перебоя, управляемое головой. Таким образом, разум представляет собой самого человека, но уже не материального, а духовного; и оттого, что после смерти он является всё тем же самым человеком, он представляется в соответствии с концепциями своего разума, владея всем тем, что похоже на то, чем он обладал в своём мирском доме. Но это продолжается лишь в течение нескольких дней... Когда новоприбывшие в духовный мир находятся в этом первоначальном состоянии, ангелы радушно приветствуют их, и поначалу они радуются этой беседе с пришельцами, поскольку знают, что их мысли не отличаются от тех, что были у них при жизни в предыдущем мире. *STW 163*

Каждый в духовном мире теряет имя, данное ему при крещении, так же как и фамилию, и именуется согласно его качеству. *Inv 41*

Суд

Сведенборг описывает в общих чертах изменения, которые следуют сразу после того, как новоприбывшие духи пройдут первую стадию и вступает в силу процесс суда. Процесс суда по восприятию и опыту Сведенборга, является процессом внутренним - то есть, каждый судит сам себя при помощи света внутренний истины. Для закоренелых грешников это является чрезвычайно болезненным процессом, которого они попытаются избежать всеми средствами, скрываясь, если возможно, от света истины в духовном мраке.

Как только пройден первоначальный период (состояние, касающееся довольно поверхностных забот), персональный дух направляется в состояние своих более внутренних тревог, или в состояние более глубинных склонностей, и, следовательно, помыслов - состояние, в которое он бывал вовлечён, живя в мире, когда был предоставлен самому себе, свободен и неограничен в своей мысли. Он бессознательно скатывается к тому состоянию, когда (подобно его мирскому поведению) его речь порождает мысль, или когда его мышление направляет его речь на более внутренние предметы, где она погружает его мысли в глубину его существа.

Дух в этом состоянии мыслит, основываясь на своих склонностях, это означает, что он мыслит исключительно на основании собственного любовного влечения, какой бы ни была эта любовь - полезной или эгоистичной. В этот момент его мышление сливается с его намерениями, - фактически, такое единство делает само мышление едва заметным, а проступают лишь его намерения.

Когда духи находятся в этом втором состоянии, они выглядят точно так, как им было присуще в мире, но всё то, что они тогда держали втайне, становится явным. Поскольку внешние факторы уже не управляют ими на этом этапе, они говорят открыто, но пытаются действовать по прежнему, уже без опасений за свою репутацию, как это было ранее на миру. Позднее, они также могут быть погружены в различные, присущие им, греховные состояния, для того, чтобы ангелы и добрые духи могли увидеть их такими, каковы они на самом деле.

Пока злые духи находятся в этом втором состоянии, обычным для них является часто и строго быть наказанными, потому что они погружаются в грехи всякого рода. В мире духов существует множество видов наказаний, и при этом никому не оказывается предпочтения, кем бы ты не был в мире, царем или рабом. Каждый грех влечет за собой наказание. Эти две вещи увязаны в одно. Таким образом, тот, кто вовлечён во что-то недоброе, подвергается наказанию. Хотя никто там не страдает по причине зла, совершенного им в миру, но по причине зла, которое он совершает в данный момент.

Причина этих наказаний состоит в том, что, во втором состоянии, боязнь самого наказания является единственным средством контроля над злом. Поощрение здесь больше не действует; так же как не действуют и поучения, или страх перед законом, или опасения за свою репутацию, потому как поведение определяется теперь естеством индивидуума, которое невозможно изменить или контролировать ничем иным, как наказанием. Хотя добрые духи вовсе не наказываются, даже если они когда-то и грешили в миру, потому что они более не впадают во зло.

В течение этой второй стадии происходит разделение на злых и добрых духов, ибо, в течение первой стадии, они содержатся вместе... Отделение добрых духов от злых происходит различными способами. В основном, это производится через то, что грешные духи, наподобие экскурсии, посещают те сообщества, с которыми они соприкасались своими лучшими мыслями и склонностями, во время их первого состояния. Таким образом, под присмотром, их направляют в те сообщества, которые ранее были убеждены внешностью этих духов, что они не такие уж и грешные. Обычно им предоставляют возможность широкого обзора, и везде показывают их добрым духам такими, какими они являются в действительности. При взгляде на них, добрые духи отворачиваются от них; и как только они отвернутся, эти грешные духи, которых представляют всем окружающим, отвращаются от добрых духов в сторону адских сообществ, кои станут в итоге, их следующим пристанищем.

Третьим состоянием индивидуума, или его души, после смерти, является состояние наставления. Это состояние подходит тем, кто поступает на небеса и становится ангелом, но оно не для тех, кто отправляется в ад, так как они не воспринимают наставлений.

Никто не способен подготовиться к вступлению в небеса, кроме как через познание добра и истины, что осуществляется посредством наставления. Это оттого, что никто не может знать, что такое добро и истина на духовном уровне, или что такое зло и фальшь, покуда их этому не научат.

Роль наставника осуществляется ангелами многих сообществ... Районы, где проводится инструкционная работа, лежат на севере и различаются своим устройством и очертанием, согласно общности и видам их небесных положительных качеств, таким образом, чтобы каждый индивидуум смог воспринимать наставления, с пользой для единственно ему присущего индивидуального характера и степени его восприятия... В эти районы Господь посылает добрых духов, кои должны быть дополнительно образованы по завершении их второго состояния. Однако, это не применимо ко всем и каждому, ибо те, что были обучены ранее на миру, уже подготовлены Господом к поступлению в небо, и переносятся туда иным путем. Некоторые поступают туда немедленно после своей смерти. Другие - после краткого общения с добрыми духами, где незрелые элементы их мыслей и склонностей отодвигаются в сторону, как например понятия мирского престижа и богатства; избавление от всего этого их очищает. Иные бывают поначалу заброшены, что имеет место в районе, который зовется 'Заниженная Земля'. Некоторые из них проходят там тяжкие испытания. Это касается тех, кто запутавшись в ложных убеждениях, тем не менее прожили добрую жизнь. Эти ложные убеждения держаться очень упорно, тогда как истинные предметы теряют свою ясность, и оттого не воспринимаются в истинном свете, покуда ложные представления не будут поколеблены.

Как только духи окончательно подготовлены к небесной жизни посредством инструкций в вышеупомянутых местах... они облачаются в ангельские одежды, в большинстве белые как полотно.

141

Одетые подобным образом, они подводятся к дороге, которая ведет в направлении небес, и здесь передаются ангелам-хранителям. Затем они принимаются другими ангелами, которые вводят их в различные сообщества, соответствующие всевозможным формам счастливого бытия. *HH 502, 503, 507, 509, 511, 513, 519*

Проявления на Небесах

Что бы не возникало в духовном мире, являет собой выражение или соответствие духовного состояния воспринимающего это явление. Все духи, находящиеся в состоянии внутреннего покоя, гармонии и желающие общения, представляются мирными, гармоничными и общительными объединениями, из коих сформированы небеса. Их группировки отражают сходство духовного состояния, или, как гласит один из универсальных духовных законов, 'Похожее привлекает к себе похожее на себя'.

Ангелы всех небес не толпятся в одном и том же месте, но разделены на   крупные и мелкие общества, в соответствии с различиями по доброкачественности их любви и веры, и из тех, которые схожи друг с другом, формируется одно единое общество. *HH 41*

Все те, кто формирует единое ангельское общество, напоминают один другого выражением лица, но не своими особенностями. *HH 47*

На небесах существуют большие и меньшие сообщества. Более крупные из них состоят из мириад ангелов, те, что поменьше из нескольких тысяч, а самые малые из нескольких сотен. Есть так же и те, кто проживает отдельно, дом за домом, семья за семьей. Несмотря на то, что они проживают таким разбросанным образом, они организованы в определенном порядке, подобно тем, которые являются частью сообщества, а именно, мудрые в середине, те кто попроще - на окраинах. *HH 50*

Все виды предметов и явлений на небе можно увидеть и испытать на себе, но опять же: всё это возникает благодаря тому, что является отражением внутреннего мира ангелов.

Природа объектов, видимых ангелами в небесах..., подобна земным объектам, хотя более совершенным по форме и качеству, и более многочисленным по количеству. *НН 171*

На небесах все предметы сотворены Господом, в зависимости от их соответствия внутреннему миру ангелов. *НН 173*

Так как все предметы, соответствующие чему-либо внутреннему, одновременно представляют собой это внутреннее, они варьируют, в зависимости от внутреннего состояния ангелов; это также называются проявлениями. Тем не менее, всё то, что является глазам небесных ангелов, воспринимается их чувствами, и кажется им таким же жизненно реальным, как и представления человека о земных предметах, хотя более отчетливо, ясно и ощутимо. Проявления такого рода называются на небесах реальными проявлениями, потому как они существуют в действительности. Существуют также и проявления, которые нереальны, которые хоть и видимы глазам, но никоим образом не соответствуют чему-либо внутреннему. *НН 175*

Одеяния, в которые облачены ангелы,... соответствуют их интеллекту, и, следовательно, каждый на небесах одет в соответствии со своим умом, и поскольку один может превосходить другого мышлением, так и одеяние одного превосходит одеяние другого. Наиболее интеллигентные носят одежды, сверкающие подобно пламени, одежды других как бы излучают свет. Менее умные носят блестящие и белые одежды без излучения, а ещё менее разумные носят одежды многих различных цветов. Хотя ангелы самого внутреннего неба ходят нагими. *НН 178*

Ангелы занимают различные жилища, это варьируется в соответствии с их жизненным положением. Самые великолепные жилища предоставляются тем, у кого присутствует более высокая степень достоинства, и менее великолепные для тех, кто отличается более низкой степенью. *НН 183*

Их жилища выглядят точно также, как земные жилища, называемые домами, только более красивые. В них есть залы, жилые комнаты и спальни в большом количестве. Здесь так же имеются дворики и вокруг них сады, клумбы с цветами и лужайки. Когда они живут в обществах, их дома расположены поблизости, один за другим, организованные наподобие города, с улицами, дорогами и площадями, точно так же, как и в земных городах. *НН 184*

Я видел небесные дворцы, которые были столь великолепны, что описать их просто невозможно. Крыши их сверкали как сделанные из чистого золото, а всё под ними как драгоценные камни... На южной стороне были разбиты парки, где всё также переливалось, в некоторых местах отливали серебром листья, а фрукты блистали золотом, тогда как цветы окружающих газонов образовывали из себя радугу со всеми её оттенками. *НН 185*

Ангелы, из которых состоит Господнее небесное царство, проживают большей частью на возвышенных местах, которые выглядят как устремляющиеся ввысь горы. Ангелы, из которых состоит Господнее духовное царство проживают на менее возвышенных местах, как бы на холмах, в то время как ангелы низших частей небес проживают в местах, которые кажутся каменными скалами. *НН 188*

Сам Господь представляется Солнцем, стоящим не на небесах, а в вышине над небесами, и не прямо над головой, или в зените, но на уровне лица ангелов среднего роста... Он видим в одном образе тем, кто ощущает Его из блага любви, и в ином образе тем, кто воспринимает Его из блага веры. Те, кто воспринимают Его из блага любви, видят Его в виде пылающего и огненного солнца, соответственно своему восприятию; те, кто воспринимает Его из блага веры видят Его луной, белой и сияющей, в соответствии с их восприятием. Это так происходит в Его духовном царстве. *НН 128*

Проявления в Аду

Ситуация в адских пространствах не столь проста, как она в небесах, где истинный свет постоянно обнаруживает во всём реальные очертания. В аду же, всё видится через призму эгоизма, в ложном свете иллюзии собственного величия, что предохраняет адских жителей от полного осознания ужаса их реальности, заполненной мраком, уродством, опустошением - покуда небесный свет внезапно не пробьётся в них, - что, согласно их состоянию, случается не часто.

Адские пространства располагаются и под горами, холмами, скалами, и под равнинами или долинами. Адские врата, или входы в адские пространства, кои находятся под горами, холмами и ска-

144

лами, выглядят как отверстия и расщелины в скалах, некоторые протяженные и широкие, некоторые короткие и узкие и многие из них шероховатые. Все они, если заглянуть внутрь, кажутся темными и мрачными; но находящиеся там адские духи излучают слабый свет, подобно мерцанию тлеющих углей. Глаза их привыкли к данному освещению, и причина этого состоит в том, что живя в мире, они прибывали в полном мраке неведения по отношению к Божественным истинам, отвергая их, и наслаждались неким подобием фальшивого света ложностей, потому как жили во лжи. *НН 584*

Входы или ворота в ад, расположенные под равнинами и долинами, выглядят по другому. Некоторые из них напоминают те, которые находятся под горными вершинами и скалами, некоторые походят на гнёзда и пещеры, иные выглядят как пучины или водовороты; некоторые походят на болота или стоячую воду. Все они носят покрытия и не являются доступными до тех пор, пока грешные духи из мира духов низвергаются в это место; и тогда они распахиваются как бы взрывом, отбрасывающим огонь и дым, подобно горящему зданию, или горящее пламя без дыма, или нечто наподобие горящей золы и копоти, струящейся из печной трубы, либо как туман или плотное облако... Адские духи и не видят, и не ощущают этого, оттого что всё это является их собственной атмосферой, и следовательно, услаждением их жизни, и так же по той причине, что все эти явления, которые они испытывают, соответствуют греху и фальши, в которых злые духи проводят своё время; а именно, огонь соответствует ненависти и мести, дым и пепел - вытекающей из этого фальши, пламя - любви к самому себе, а туман и плотное облако - извращению по причине этой само-любви. *НН 585*

Этот адский огонь или жар превращается в сильный мороз, когда туда вливается жар небесный; и затем, все те, кто там пребывает, станут дрожать как в лихорадке, внутренне терзаясь; ибо они стоят в прямой оппозиции к Божественному; и жар небесный, то есть Божественная Любовь, тушит адский жар, который представляет собой их любовь к себе, являющуюся огнём их жизненной силы; и это является причиной того, что они мерзнут и бедствуют. Это сопровождается густым мраком, ведущим к сумасбродству и слепоте. Но это происходит не часто, и только тогда, когда случаются внезапные выпады, кои переступают меру дозволенного, и потому должны быть подавлены. *HH 572*

Когда дух, по своему собственному расположению и по своей свободной воле, направляется в чистилище, и наконец прибывает в него, поначалу его принимают в дружественной манере, так что ему кажется, что он среди друзей. Но это продолжается всего лишь несколько часов. Одновременно, он находится на рассмотрении, на предмет его хитрости и других вытекающих отсюда качеств; и по завершении этого, он подвергается терзаниям различными методами, с постепенным усилением строгости и неистовства. Это завершается его внутренним внедрением в глубины чистилища; а чем более внутренне и глубок ад, тем зловреднее духи. После этих терзаний, его начинают подвергать жестоким наказаниям, и это продолжается до тех пор, пока он не низводится до положения раба. Но так как каждый тут хочет быть величайшим, то это влечёт за собой постоянно возникающие мятежи, где каждый разжигает вражду против других; как следствие этого, происходят новые восстания, и одна сцена сменяют другую, и тот, кто ранее был превращён в раба, теперь поступает на службу к новому дьяволу, способствуя ему в угнетении других; и опять же те, кто отказывается покориться и оказывать безусловное подчинение, мучаются различными способами, и так постоянно. Это и является муками чистилища, и зовётся оно гиена огненная. *HH 574*

Судьба

Поскольку каждая душа уникальна и была сотворена с целью того, чтобы стать специфической частью Вселенского Человека, каждый человек имеет свою предопределенную функцию. Человек может отказаться от неё по глупости, но принять её означает небеса, а отказ от неё означает ад.

Знание средств, которые ведут к спасению человека, или возможностей, не скрыты ни от кого, если он желает быть спасенным. Из этого следует, что все предназначены небесам, и никто аду. *DP 329(3)*

Божественная Любовь живет в каждом человеке, как в грешнике, так и в праведнике; следовательно, Господь, который представляет собой Божественную Любовь, не может поступать иначе,

146

чем земной отец ведет себя по отношению к своим детям, и даже бесконечно более, потому что Божественная Любовь безгранична; итак, Он не может отвернуться от кого-либо потому, что их жизнь ведёт начало от него Самого. Это только кажется, что Он отворачивается от грешников, тогда как это грешники сами покидают Его, между тем как Он, посредством своей любви, всё ещё направляет их... Способы спасения предоставлены каждому, и небеса таковы, что всем, кто живёт достойно, вне зависимости от своего вероисповедания, будет там место. Те, кто рожден вне церкви, являются точно такими же людьми, как и те, кто был рожден в ней; будучи того же небесного происхождения, они в равной степени являются живыми и бессмертными душами. Все они имеют ту или иную форму религии, признающую Бога, и то, что они обязаны жить достойно; и тот, кто признаёт Бога и живёт достойно, становится духовным, в своём собственном смысле, и тем спасается... Спасение не дается кому-либо оттого, что он признаёт Господа, но оттого, что он живёт согласно заповедям Господним; и Господь знаком каждому, кто признает Бога, ибо Господь является и земным и небесным Богом. *ДР 330(2-4)*

Дети на Небесах

Одно из наиболее прекрасных и утешительных учений Сведенборга, проистекающего из его собственного духовного опыта, касается детей на небесах.

Умершие маленькие дети, в другой жизни остаются точно такими же малыми детьми, имеющими такой же инфантильный ум, такую же наивную невинность и они так же ласковы ко всему окружающему. В них имеются пережитки потенциала к превращению в ангелов, так как маленькие дети не являются ангелами, а становятся ими. Это потому, что каждый, кто покидает этот мир, в определенном состоянии, сохраняет то состояние, какое было при его жизни: малые дети как малые дети, мальчики в состоянии мальчиков; юноши, мужчины или старики; но постепенно состояние каждого изменяется. *НН 330*

Состояние же малых детей в другой жизни превосходит их мирское состояние, ибо они более не облечены в земное тело, но в тело, похожее на тело ангела. *НН 331*

Как только маленькие дети возрождаются, что происходит сразу после смерти, они забираются на небеса и поручаются женщинам-ангелам, которые, в их телесном облике, нежно любят маленьких детей и, в то же время, Господа. Поскольку, в своей земной жизни, они любили всех детей добротой материнского сердца, они принимают их теперь как своих собственных; в то время как дети, по своей врожденной чувствительности, любят их как своих собственных матерей. На попечении у каждой женщины-ангела имеется столько детей, на скольких ей хватит её духовной родительской привязанности. *НН 332*

Однако, так как даже у детей существует эго, как впрочем и у всех остальных, так и в другом мире, у них может иметься склонность к предпочтению своих собственных желаний, и они могут действовать в личных интересах, что Сведенборг определяет как грех.

(Дети) также подвержены злу, и в действительности сами по себе также являются ничем иным, как грехом; однако, подобно всем ангелам, их удерживают от зла тем, что Господь хранит их в границах добра таким образом, что они воспринимают свою доброту как собственное качество. По этой причине, когда маленькие дети на небесах взрослеют, с целью избежания заблуждения, что их доброта присуща единственно им самим, и не проистекает от Господа, время от времени, им даётся возможность погрязать в унаследованных ими грехах, и прибывать в них до тех пор, пока они не воспримут, не осознают и не уверуют в истину этого вещества. *НН 342*

Интеллигентность и мудрость формируют ангела, и до тех пор, пока маленькие дети не обретут этого, они не ангелы, хотя и пребывают вместе с ангелами, но, как только они станут разумными и мудрыми, они превращаются в ангелов. В самом деле, я даже дивился, что они вовсе не выглядят малыми детьми, но взрослыми, ибо они более не обладают детскими духовными свойствами, а представляют собой более зрелый ангельский дух. Интеллигентность и мудрость придают им это. Причина, по которой маленькие дети кажутся более зрелыми, поскольку они совершенствуют свой разум и знание, как бы отроками и молодыми людьми, заключается в том, что они усовершенствовались в разумении и мудрости, а эти свойства являются основным духовным питанием... но необходимо понимать, что на небесах, малые дети достигают лишь ранней зрелости, оставаясь там навечно. *НН 340*

Вселенский Человек

Разбираясь в деталях сущности Вселенского Человека, можно подробно проследить влияние этого концепта на ранние физиологические учения и предположения Сведенборга, влияние более сильное, чем это проявляется в его духовных учениях. В общем и целом, вне всякого сомнения, весь этот концепт является одним из величайших, всеобъемлющих и значительных из всех его духовных воззрений.

То, что небеса, во всей своей конструктивной сложности, являют схожесть с одним единственным Человеком, представляет собою тайну, ещё не известную в мире, хотя широко известную в самих небесах. Знание этого, включая всю специфику и конкретность относящихся к этому предметов, является основной частью разумного мышления здешних ангелов. . . поскольку они ведают, что все небеса, со своими обществами, напоминают одного единственного Человека, которого вследствие этого называют Вселенский и Божественный Человек, - Божественный оттого, что это Божественное Господа, кое создаёт небеса. *НН 59*

Все люди во всём мире занимают своё особенное место, либо во Вселенском Человеке, то есть в небесах, либо вне Его, то есть в аду. Их позиции определяются согласно состоянию их душ, или, что одно и то же, духу, который продолжает жить после смерти тела. Пока люди живут в мире, никто из них воистину не осознает, что он одновременно находится или на небесах, или в чистилище, но, тем не менее, он находится там и его жизнь управляется оттуда. *АС 3644*

В голове Вселенского Человека, который составляет собой небеса, находятся те, кто пребывает в любви к Господу от Господа, и те зовутся небесными; но в теле, от груди его и до низа поясницы Вселенского Человека, находятся те, кто живёт в любви к ближнему, и называются они духовными. Но в ногах Вселенского Человека, который есть небеса, находятся те, кто не уверен в милосердии, и называются они естественными. *АЕ 708*

Так и церковь на земле, она является Господу единым Человеком, а именно, разбитой на разные сообщества, каждое из которых представляет собой Человека; и далее, каждый, составляющий этого Человека внутренне, находится на небесах, а тот, кто находится извне - в аду. Опять же, причина этого утверждения состоит в том, что каждый человек, принадлежащий к церкви, является небесным ангелом, так как станет им после своей смерти. Кроме того, церковь на земле, совместно с этими ангелами, не только формирует того Человека внутренне, но и внешне, что именуется хрящевым и костным. Церковь сконструирована таким образом оттого, что человек на земле наделен телом, в котором духовная сущность облачена в естественную, и это является тем самым, что объединяет небеса с церковью, а церковь с небесами. AE 1222(3)

В небесах существует один единственный приток, воспринимаемый каждым индивидуумом, согласно его наклонностям ... и хотя существует лишь один приток, но тем не менее, абсолютно всё сущее утверждается в нем, сливается с ним, и, как один, следует в этом потоке. И это происходит посредством обоюдной любви, разделяемой всеми теми, кто существует на небесах. AC 1285(2)
Единая форма создаёт наиболее совершенные пропорции, когда объекты , принимающие эту форму, являются совершенно различными по роду, но вместе с тем, объединёнными одной формой. DP 44

Но что же всё-таки происходит с теми духами, свободным выбором которых является отказ от небесного пути?

В воззрении Господа, всё человечество представляет собой как бы одного единого Человека. . . не в том смысле, что все, вместе взятые, люди видятся ему как один, но так видится польза, которую они приносят. Приносящие пользу люди воспринимаются Им совместно, как совершенный и прекрасный Человек, усилия и служение коего приносит добро, а это именно те, кто служит не по своей собственной, а по Господней воле. . . С другой стороны, те, кто приносят пользу не ради общественной пользы, а только ради самих себя, или ради собственной мирской выгоды, также воспринимаются Господом как единый Человек, но человек несовершенный и обезображенный.

Из этого становится ясным, что Господь рассматривает мирских людей и индивидуально, на основании пользы, приносимой их служением, и совместно - по их скоординированным усилиям, вкладываемым по форме Вселенского Человека. Под пользой подразумеваются каждая, любого рода, функция, относящаяся к усилиям человека, приложенным в его должности или наемной работе. Эта приносимая польза, сама по себе, является ценным вкладом в глазах Господа. Те в царствах, кто любит пользу, приносимую их службой, ради этой самой пользы, совместно выглядят как один Человек-ангел; тогда как те, которые любят пользу служения ради удовольствий, вне зависимости от приносимой пользы, далеки от истинного служения, и выглядят совместно как Человек-дьявол. Те торговцы, которые любят бизнес и богатство ради самого бизнеса, хотя одновременно, обращают свой взгляд к Богу, принадлежат Человеку-ангелу. Но те, кто любят бизнес и прибыль единственно ради их самих, принадлежат Человеку-дьяволу. *DL vii*

10

СЕКСУАЛЬНЫЕ И СУПРУЖЕСТВЕННЫЕ ОТНОШЕНИЯ

Хотя Сведенборг никогда не был женат, его дневники содержат достаточно доказательств, что ему нравилось женское общество, и что он хорошо понимал женскую природу и её атрибуты. Его Сонник, так же как и его работы по физиологии, демонстрируют тот факт, что он мог в откровенной и открытой манере, когда это было уместно, дискутировать сексуальный опыт. Хотя, его глубокие выводы о различии качеств мужской и женской природы и их особенностей, проистекают не из его личного опыта, а из экстраполяции его восприятия основ происхождения полов.

Насколько различны, и всё таки, в общем и целом, дополняющие друг друга, аспекты мужественности и женственности, и как они взаимодействуют, по причине своего Божественного происхождения, в течении жизни и в рамках брачных отношений, а также что происходит, когда эти отношения искажаются, описывается Сведенборгом в одной из его основных работ, 'Супружественная любовь'. И опять же, в этом вопросе Сведенборг предвосхитил последние открытия современной неврологии и психологии, подчеркнув то, что оба полушария мозга соответственно ассоциируются с двумя диаметрально противоположными способами разумного восприятия мира.

Несмотря на то, что здесь не совсем прослеживается очевидная связь с предметом пола, мы постараемся поначалу взглянуть именно на этот феномен.

Характеристики правого и левого полушарий мозга

Один из поразительных выводов, к которому пришел Сведенборг в своих физиологических студиях, это разделение мозга на две различные, между собой связанные половины. На физиологическом уровне, он рассматривал их, как соответствующие воле и пониманию разума, а на духовном уровне - любви и мудрости. Любовь является объединяющим, подспудным, скрытым двигателем реальности, всеобщей основой невидимой динамики реальности, тогда как мудрость представляет собой осознание любви, осуществляющееся через эффекты её воздействия. На более низком уровне духовности, мудрость проявляется в соответствующе более низкой форме, так как как истина постигается интеллектуально, здесь можно сказать, что истина нуждается в понимании.

Правое полушарие мозга является пластом или вместилищем любви, а левое представляет собой контейнер или хранилище мудрости. *DW ii4*

Интеллектуальные способности заложены в левом мозговом полушарии, а в правом полушарии содержатся волевые импульсы. *AC 644*

Левая сторона мозга соответствует рациональным и интеллектуальным предметам, тогда как правая сторона принадлежит наклонностям или объектам воли. *AC 3884*

Те, кто соответствуют правой стороне мозга, имеют склонность к добру, и следовательно, стремятся к истине. Те, кто соответствуют левой стороне мозга, понимают добро и истину, и следовательно имеют склонность к ним. *AC 4052*

Различная природа обоих полов

Хотя Сведенборг и не выявляет эту связь отчетливо, тем не менее существует некая связь между его определением различий между двумя полушариями мозга и различий между обоими полами. Он видит ум мужчины, по большей части, левосторонним, т.е. интеллектуальным, а женский разум, в основном, правосторонним, т.е. интуитивным.

Склонность особы мужского пола... стремление к знаниям, пониманию, мудрости - склонность к учению в отрочестве, склонность к пониманию в отрочестве и юности, желание мудрости от зрелости до поздних лет; из всего этого ясно, что природа мужа, или его внутренняя предрасположенность склоняется к формирования глубокого понимания, из чего вытекает, что он был рожден чтобы стать разумным. Но так как это не может быть достигнуто кроме как по любви, Господь присовокупляет к нему любовь в соответствии с его восприятием, то есть согласно его мужскому началу (латинскому animus), а именно стремление стать мудрым. От того он и обладает склонностью к интеллектуальным предметам, или к тому, где преобладает понимание, чем являются в основном общественные или судебные службы. Отсюда следует то, что всё, чем он занимается в жизни, является, по мере возможности, рациональным, а если и нет, то он, по крайней мере, старается, чтобы его занятия таковыми казались. Более того, мужская рациональность присуща всем талантам этого пола. *CL 90(2,3)*

То, что наиболее сокровенно в мужчине, есть Любовь, и облекающая её мудрость, или что тоже самое, он сам является любовью, облаченной в мудрость; а в женщине наиболее сокровенное есть мужская мудрость и её облачение - любовь проистекающая оттуда. Эта любовь, однако, является женской любовью, и дается Господом жене мудростью её мужа, тогда как предыдущая, мужская любовь является любовью взрастающей мудрости, и дается она Господом мужу, в соответствии с его восприятием мудрости. Именно по этой причине, мужчина представляет собой мудрость любви, а женщина является любовью этой мудрости. Таким образом, от сотворения, в каждом из них пребывает любовь, устремлённая к единству. *CL 32*

Это является мужским качеством, познавать всё посредством понимания, а женским - посредством любви; ибо понимание постигает то, что бывает лежит вне границ телесного или мирского, и своим рациональным и духовным зрением оно простирается до своего лимита, туда, куда любовь обычно не достигает; так как восприятие любви ограничено чувствами и не простирается далее. Иногда она и может подняться над чувствами, но тогда только при посредстве соединения с мужским пониманием, которое было основано от начала творения; ибо понимание принадлежит свету, а любовь жару, где относящееся к свету может быть видимо, а относящееся к теплу может быть прочувствовано. *CL 168*

Мужчина рожден со склонностью знать, понимать и стремиться к мудрости, а женщина рождена в любви присоединения себя к этой его склонности. *CL 33*

Мужчина рожден стать разумом, а женщина - любящей этот разум волей; из чего следует, что брачная связь является объединением женской воли с мужским разумом, и наоборот, разума мужа - с волей жены. *CL 159*

Происхождение Супружественной Любви

Слово 'супружественная' Сведенборг использует для описание того качества любви, которое призвано объединить пару в одно целое: общность в сердце, общность разума, общность жизни.

Источником истинно супружественной любви является любовь Господа к Церкви, поскольку Господь именуется в Слове Женихом или Мужем; а Церковь - Невестой или Женой... Соединение Господа с человеком церкви представляет собой воссоединение добра с истиной. Добро проистекает от Господа, а истина живёт в человеке, и потому этот союз называется небесным супружеством, в котором супружественная любовь между двумя брачными партнерами, находится в неразрывной связи с Господом... Такой союз или супружество был установлен со дня творения. Мужчина был создан с целью восприятия истины, а женщина для того чтобы быть склонной к добру, и, следовательно, мужчина является истиной, а женщина - добром. Когда понимание истины, которое имеется в мужчине, составляет единство со склонностью к добру, которое есть в женщине, тогда два их разума сливаются в один. Это совокупление и является духовным супружеством, которое порождает супружественную любовь. Когда два разума сливаются в один единый разум, между ними возникает любовь; и эта любовь, любовь духовного супружества, снисходя в тело, становится любовью земного супружества. *AE 983(2)*

Супружественная любовь представляет собой любовь к представителю противоположного пола, и лишь к одному единственному

Любовь ко многим и со многими является естественной любовью, и это то, что объединяет человека с животными и птицами, и это естественно; но супружественная любовь - это любовь духовная, она отличает только человека и только ему присуща, так как человек был сотворен, и следовательно, рожден чтобы стать духовным. *CL 48*

От первого и до последнего, все брачные наслаждения заключены в супружественной любви, по той причине, что её польза превосходит всё иное. Эта самая польза заключается в продолжении человеческого рода, и следовательно ангельских небес; и поскольку эта самая польза явилась заключением конца созидания, из этого следует, что все степени благословения, счастья, удовольствия, радости, наслаждения, которые когда-либо могли быть дарованы Богом-Творцом людям, заключаются в этом его даре любви. *CL 68(2)*

Поскольку истинно супружественная любовь объединяет души и сердца парами, постольку они связываются дружбой и доверием таким образом, что становятся супругами. *CL 334*

Состояниями (супружественной любви) являются невинность, умиротворение, покой, крепкая дружба, полное доверие, и их обоюдное, от живота и сердца, желание поступать по отношению к партнеру самым наилучшим способом; и от всего этого проистекает благословенное, счастливое, восторженное, удовлетворённое состояние; и от повторного бесконечного осуществления этих состояний, небесное блаженство . . . Сама природа этой любви такова, что стремится к объединению с тем, кого любит всем сердцем, сливая их общее наслаждение в одно единое, и, посредством этого, принося радость себе самому. Еще невыразимо правдивее, это относится к Божественной Любви, пребывающей в Господе по отношению к человеку, созданному Им вместилищем любви и мудрости, проистекающей от Него Самого. И поскольку Он создал человека с целью приятия - мужа для приятия мудрости, жену для приятия любви мужской мудрости - постольку Он разместил в них самое сокровенное, т.е. супружественную любовь, для того, чтобы вселить в них, и так же во всех тех, кто истинно подходит друг другу, хотя и является посредником Божьей благодати, счастья, наслаждения, удовлетворения, кои, вместе с дыханием жизни, по-

стоянно вливаются внутрь Его Божественной любовью, проистекающей единственно от Его Божественной Мудрости. *CL 180*

Истинная супружественная любовь являет собой союз двух людей, заключенный их сокровеннейшей мыслью и волей, то есть
истиной и добром; так как истина познаётся разумом, а добро - волей. Ибо тот, кто пребывает в истинно супружественной любви,
любит то, что думается и желается другим; таким образом, они
сливаются воедино и отныне составляют одно целое. AC 10169

(Супружественная любовь) на небесах представляет собой Господне Божественное, которое является Божественным благом
и Божественной истиной, таким образом объединенными в двух
людях, что их уже не двое, а один . . . В небесах две гармонирующие персоны формируют такую любовь, потому что каждый
здесь обладает своим собственным благом и своей собственной
истиной, как в его разуме, так и в его теле, где тело является отражением разума, так как создано по образу и подобию разума . . .
Божественное представляется парой тех, кто пребывает в истинно
супружеской любви; и поскольку таково явление Божественного,
таковы и небеса, потому что все небеса представляют собой Божественное благо и Божественную истину, исходящую от Господа;
и именно оттого все небесные предметы основаны на этой любви, бесчисленно одаренной как благословением, так и радостью.
HH 374

Супружественная любовь, рассматриваемая сама по себе, является состоянием невинности; и это потому, что гармония присутствующая в небесном упоении супружеской любви, воспринимается их умом почти что как невинные игры малых детей; это
оттого, что решительно всё услаждает их умы, поскольку небеса
заполняют своими удовольствиями каждую частицу их существа .
. . Небесные ангелы обладают всей своей привлекательностью от
своей собственной супружеской любви. Склонности этой любви и
её мысли представляют собой бриллианты, сияющие подобно ауре,
пылающие или переливающиеся как драгоценные камни и рубины,
что происходит от наслаждения, охватывающего их на глубинах
мышления. Иными словами, небеса проявляют себя посредством
супружественной любви, потому что небеса с их ангелами являют
собой союз добра и истины, и это является тем же самым сочета-

нием, кое наличествует и в супружеской любви. CL 382(a)

Супружественная любовь является фундаментом всякой взаимной любви. Взаимная любовь - это желать другому больше и лучше, чем желаешь самому себе; но узы супружественной любви должны быть ещё теснее. **Каждый супруг не только испытывает высшую степень счастья, отдавая себя своему партнеру так, что их представления сливаются воедино, но помимо того, эта любовь является любовью, которая сохраняет существование всего рода человеческого; это является Господним милосердием по отношению к универсальному человеческому роду, вливающемуся в супружественную любовь, и этим способом, в супружескую любовь брачных партнеров просачивается склонность к личному продолжению посредством собственного потомства, и любви к этому потомству; и всё это так сформировано, чтобы умы брачных партнеров всё более и более тесно сливались в единое целое.** SD 4229 (Супружественная любовь) является наиболее сокровенной из всех видов любви. Природа её такова, что кто-либо один воспринимает своего партнёра и животом и разумом, так, что каждый из них заключает в себя другого, а именно: образ, или подобие, мужа отражается в уме жены, а образ и подобие жены отражается в уме мужа таким образом, что они видят друг друга в себе самих, и таким способом сожительствуют в своём самом сокровенном. SD 4408

Супружественная любовь одного мужчины к одной женщине являет собой драгоценный камень людской жизни, и тем самым вместилище христианской религии. CL 531

Союз мужчины и женщины

Когда взаимоотношения существуют единственно на натуральном уровне, они создают эгоистическую иллюзию, *Я есть мое тело*, где всё иное и все другие существует как отдельные сущности. На данном уровне этот союз имеет лишь физическое присутствие и контакт. Но в супружественных отношениях, существующих в вечной сфере духа, это ощущение единства произрастает на самых глубинных уровнях бытия.

Души и разумы людей не расположены в каком-либо определенном месте, как например в их плотских телах; ибо по своему небесному происхождению... человек духовен. И благодаря тому, что душа и разум вне-пространственны, их возможно обьединить как бы в одно целое, независимо от расположения их тел. В особенности это случается с брачной парой, когда в них обоих внутренне присутствует взаимная любовь. Но так как жена изначально происходит от мужа, то их союз представляет собой некий род возврата к единству, это можно видеть под углом, не слияния воедино, но дополнения к этому единству согласно их любви: чем сильнее любовь и близость, тем теснее единство. Это повторное воссоединение считается духовным сожительством, и оно существует между нежно любящими друг друга партнерами, вне-зависимости от дальности расстояния, разделяющего их плотские тела. *CL 158(2)*

Любовь является ничем иным, как желанием, и, следовательно, стремлением к общности, и, к единству супружественной любви; ибо мужская и женская особи созданы таким образом, что они могут составить одного индивидуума из двух, или даже стать единой плотью; и когда они сольются в одно, тогда, взятые вместе, они представят собой наиболее завершенного человека. Без этого единства - их двое, и каждый является отделенным от другого, или представляет собой лишь получеловека. *CL 37*

Образ мужа формируется в жене, и, посредством этого образа, жена постигает, видит и чувствует в себе самой всё то, что наличествует в муже так, как будто она сама содержала всё это в себе. Её ощущения проистекают от взаимного общения, она видит всё с этого аспекта, и осязает это через прикосновение... Посредством прикосновения мужа, она чувствует приятие им своей любви, через его ладони, на его щеках, руках и груди. *CL 173*

Я слышал свидетельства тех, кто пребывал на небесах со своими партнерами в течении длительного периода времени. Мне объясняли, что они чувствуют себя до такой степени объединенными, что муж ощущает себя частью своей жены, а жена - частью мужа, и каждый ощущает себя в другом,   даже как бы являясь одной плотью, хотя они представляют собой совершенно автономные существа. *CL 178*

По сути своей, супружественная любовь является ничем иным, как стремлением двух стать одним, то есть, их воля - это слить две жизни в одно общее бытиё. *CL 215*

160

Супружественная Любовь в Небесах

То, что не каждому суждено встретить своего истинного партнера в течении их мирской жизни, очевидно. В своей работе 'Супружественная Любовь', Сведенборг разъясняет, как 'супружеские пары' объединяются после смерти, и как все остальные находят свою 'супружественную половину'. Эти супружественные отношения представляют собой фундаментальный аспект творения, и играют центральную роль в духовном мире. Будучи духовной по своей сути, супружественная любовь выражает и проявляет себя в тех, кто находится в небесном состоянии в посмертной жизни.

Партнёры на небесах являют собой не двоих, а одного ангела. Следовательно, посредством супружественного союза, ангелы вмещают в себя людской дух, содержащий в себе стремление к мудрости и любовь ко всему тому, что принадлежит мудрости. *CL 52*

Те, которые пребывают в истинно супружественной любви, после смерти становясь ангелами, и возвращают себе своё отрочество и свою юность. Мужчины преклонного возраста становятся молодыми людьми; а пожилым женщинам возвращается их юность. Каждому супружественному партнеру возвращается лучшее время его жизни, так же как и все радости того возраста, когда супружественная любовь начала активировать их бытиё доселе не испытанными удовольствиями, и вдохновлять их новыми деяниями ради своего будущего потомства... Поскольку они постоянно внутренне молодеют, из этого вытекает, что их истинно супружественная любовь возрастает, и поставляет им радости и наслаждения, присущие этой любви с сотворения мира. Таковыми являются радости и наслаждения самых внутренних небес, поступающие от Господней любви к небесам и Церкви, и это проистекает от взаимной любви добра и истины; эта любовь являет собой источник всех радостей небес. Причина, по которой человек молодеет на небесах, состоит в том, что он вступает в брак между добром и истиной. Этот брак включает в себя стремление добра постоянно любить истину, а также стремление истины к непрерывной любви добра, где жена по форме являет собой добро, а муж - истину. Это постоянное стремление мужчины избавляет его от суровости, старческой грубости, ворчливости и желания жизнеспособности, и придаёт ему энергию, радостность, свежесть юности; это стремление возвращает ему жизнь со всеми её удо-

161

вольствиями. . . Браки в небесах, хотя брачные партнеры и пребывают там совместно, так же как и на земле, не приносят детей, но, вместо них, эти браки порождают добро и истину, и, таким образом, мудрость. *AE 1000(4)*

Духовное потомство, будучи порождением этих браков, представляет собой предметы, относящиеся к мудрости, проистекающей от отца, и к любви, проистекающей от матери. Ко всему этому они (родители) испытывают духовную любовь, и любовь эта прибавляется к их супружественной любви, постоянно возвышая и объединяя партнеров. *CL 211*

Брачные партнеры наслаждаются половыми отношениями друг с другом, также как они делали в миру, но более восхитительными и благословенными, хотя без последующего потомства; так как вместо этого земного продолжения, у них появляется духовное потомство, которое представляет собой любовь и мудрость. . . Такие отношения полов являются более преимущественными и благословенными, так как, когда эта любовь становится духовной, она является более внутренней и чистой, и оттого более ощутимой; так как каждое удовольствие возрастает в пропорции с восприятием, где увеличение чувствительности прибавляет наслаждению благость. *CL 51*

Красота манифестации супружественной любви ярко демонстрируется в некоторых весьма описательных работах Сведенборга. В этих заставках, которые он называет памятками, он образно передаёт эпизоды специфических столкновений, пережитых им самим в периоды его посещения духовного мира.

Мы были введены в комнату, граничащую со спальней. На стенах здесь размещалось много произведений искусства, вместе с небольшими изображениями, вылитыми как бы из серебра; и я спросил: Что это такое? Муж мне ответил: Это картины и формы, представляющие собой различные качества, атрибуты и преимущества супружественной любви. Некоторые из них изображают единство душ, некоторые слияние умов, другие согласие сердец, и некие удовольствия порождённые всем этим.

Пока мы рассматривали эти произведения, мы увидели на стене радугу, как бы состоящую из трех цветов: темно-красного, лилового и белого: и мы наблюдали как темно-красный прошел сквозь

162

лиловый и превратил белый цвет в темно-синий, тогда как белый переместился назад сквозь лиловый в темно-красный и, как это было, преобразил его в огненный луч.

Затем муж спросил меня: ' Вы это понимаете? Я ответил: Просвете меня! После чего он сказал: "Из цветовых соответствий, темно-красный символизирует супружественную любовь жены, белый - интеллигентность её мужа, лиловый - прорастание супружественной любви мужа, ощущаемое его женой, и темно-синий, окрашивающий белый цвет, взаимная супружественная любовь мужа. Обратное течение этого тона цвета через лиловый в темно-красный, и, последующее его превращение как бы в огненный луч, символизирует супружественную любовь мужа, стремящуюся обратно в направлении жены. Этого рода вещи появляются на этих стенах тогда, когда мы медитируем на предмет супружественной любви, и её обоюдного, постепенного и симультанного союза, и тогда мы с интенсивным вниманием наблюдаем за радугой. *CL 76(6-7)*

Истинно супружественная любовь проявляется на небесах различными способами. Она может быть зрима в виде ромбовидных аур, переливающихся наподобие рубинов и гранатов, а так же в виде великолепных радуг и золотого дождя, вид которого наполняет присутствующих таким удовольствием и восхищением, что их разум погружается в глубины сознания. Я слышал, как ангелы в небесных садах, во время таких проявлений супружественной любви, говорили, что они переполнялись таким неописуемым восторгом, что даже не могли выразить его иначе, чем утверждая, что это видение казалось им самим источником наслаждения, от которого берут начало все остальные наслаждения. Они говорили, что пережили чисто интеллектуальное наслаждение, без какого либо пробуждения похоти. Такова супружественная любовь в своей основе.

Поскольку, по своему происхождению, истинно супружественная любовь является чисто умственным наслаждением, но в то же время и основой всякой любви, и поскольку она исходит от любви небесных ангелов, которая и придаёт им их красоту, так как любовь, или склонность к любви, формирует каждого индивидуума, в результате чего лица ангелов соответствуют качеству их любви, или любовной склонности; следовательно, вся небесная ангельская красота происходит от их супружественной любви, так

163

как она то и является главным источником их внутренней жизни, озаряющим всё вокруг. *DC(1,2)*

Искажения в Супружественной Любви

Все духовные, или небесные, качества вульгаризируются или извращаются эгоистичным самосознанием или самодостаточностью, хотя не всегда это происходит открыто.

Существует некое подобие супружественной любви, которая не является этой любовью, до тех пор пока не будет включать в себя любовь к добру и истине. Такая любовь только кажется супружественной любовью, но возникает она по причине таких мотивов, как любовь к миру или самому себе, а именно, от стремления обладать устроенным бытом, жить легко и уверенно, наслаждаться заботой в случае болезни и старости; а также ради своих любимых детей. У некоторых, такого рода любовь возникает из вынужденного страха перед партнером, опасений за свою репутацию, или из боязни несчастья; у некоторых она возникает из наклонности к похоти. *AC 2742*

Супружествнная любовь, опрометчиво возникающая вне порядка и правил, сжигает и поглощает саму свою сущность. Это так утверждается некоторыми на небесах; и под сущностью здесь подразумеваются глубинные пласты разума и тела. Причина, по которой они сгорают, или, другими словами, расходуются, состоит в том, что когда эта любовь опрометчива, она представляет собой всепоглощающее пламя, которое выжигает и разрушает то внутреннее святилище, в котором и зарождается, и хранится, супружественная любовь. Это происходит в том случае, когда мужчина и женщина вступают в брачный союз беспорядочным образом, без оглядки на Господа, без участия разума, отрицая помолвку, следуя лишь зову плоти; это вовлекает во всё внешнее, а не во внутреннее, и, следовательно, такая любовь не может быть супружественной. Она может быть названа поверхностной любовью, любовью без внутренней сущности, или любовью плоти, скудной и опустошающей, лишенной своей подлинной сути. *CL 312*

Как мы видим из вышесказанного, для Сведенборга супружественная любовь и сексуальная любовь не являются противоположностями, а лишь внутренним и внешним аспектом единого, где суще-
164

ствование и воздействие внутреннего очищает   внешнее. Адское же извращение, которое представляет собой противоположность супружественной любви, Сведенборг называет 'азартной' любовью.

Наслаждения азартной любви проистекают от плоти и пребывают таковыми даже в духе; тогда как наслаждения супружественной любви происходят от духа, и остаются неизменными даже в отношении плоти. *CL 44*

Каждая сфера - сфера азартной любви, производной ада, как и сфера супружественной любви, производной небес, - завлекает своими прелестями того человека, который ей подвержен. Причина этого состоит в том, что конечный план этих обеих сфер сводится к одному и тому же: а именно, тот план, где удовольствия каждой из этих сфер любви конечны - они осуществлены и завершены, что позволяет их наличию манифестировать сенсационную полноту ощущений. Вследствие этого, внешние проявления любви, как объятия греховные так и объятия супружественные вроде бы не отличаются друг от друга, хотя, по сути своей, они совершенно различны. Поэтому по их внешним чувственным проявлениям, невозможно судить об их различии, если только не находиться в истинно супружественной любви. Зло может быть распознаваемо добром, но не добро злом. *CL 439*

Из естественных внешних ощущений проприума, крайне сложно уловить различия. Часто нам неизвестны истинные мотивы, которые вызывают наши собственные действия, не говоря уже и действиях других людей, и Сведенборг предупреждает об опасности суждения по внешним проявлениям.

Существуют браки, в которых никто не замечает внешних проявлений супружественной любви, и тем не менее она там есть, и существуют браки, в   которых заметны внешние проявления супружественной любви, и тем не менее её там нет. . . Заключение о том, если человек обладает супружественной любовью или нет, не должно выводить на базе внешних признаков брака или любовной связи.. Следовательно, 'не судите, и не судимы будете' (Матвей, 7:1). *CL 531*

Наслаждения Супружественной Любви

В духовном единении мужчины и женщины, пребывающих во взаимной супружественной любви, отражается единство сердца и разума, которое восприимчиво к Божественной Любви и Мудрости, излучающих из себя все небесные наслаждения. Когда такое единение существует на всех уровнях, возникает супружественная связь, которая превосходит все доселе известные удовольствия.

Эти (наслаждения) являются производными пользы, приносимой любовью и мудростью. Это можно понять из того факта, что когда кто-либо склонен быть мудрым ради истинной, им приносимой, пользы, он пребывает в настрое и потенциале супружественной любви; и пока он в таком состоянии, он доволен своим бытием. Приносимая им польза делает это возможным; потому как когда любовь действует посредством мудрости, оба партнёра пребывают взаимно довольными, и развлекаются друг с другом как малые дети. Затем, когда они вступают в юношество, то объединяются по настоящему, и это осуществляется через помолвки, обручения, браки и последующее потомство; и так, в разнообразных комбинациях, это продолжается вечно. Всё это имеет место между любовью и мудростью; и вместе, они проникают во внутренний разум, ощущаясь как покой и невинность, и во внешний разум, в виде благословения, счастья и восхищения. В груди они присутствуют в виде удовлетворения сокровенной дружбой, и, по причине постоянного душевного притока в половые органы, наравне с действенной сенсацией супружественной любви, это воспринимается как самое изысканное из всех наслаждений. В душе же, это брачное состязание любви и мудрости во взаимной пользе усиливается их продвижением в направлении к груди, и в ней они проявляют себя чувственно, бесконечным многообразием услаждений. Затем по причине волшебной связи груди с половыми органами, в этих последних, наслаждения превращаются в наслаждения супружественной любви, в те, которые превосходят все небесные и все мирские наслаждения. . . Те, кто не стремится к Господней мудрости ради принесения пользы, не имеет и представления о бесчисленности наслаждений любви, являющейся истинно супружественной. *CL 183(6-8)*

11

СТАДИИ
ДУХОВНОГО РОСТА ЧЕЛОВЕЧЕСТВА

В своих деталях, модель духовного роста и перерождения, представляет собой чрезвычайно сложный процесс. Тем не менее, он состоит из определенных стадий, которые совершенно необходимы. Сведенборг описывает эти этапы в терминах, относящихся к эпохам человеческого развития, и применяет ту же схему к модели прогресса, не только человека, но и любого другого существа или организации - будь то народ или церковь. Фактически, он рассматривает всю человеческую расу, как прогрессирующую путём подобных стадий развития.

Церковь является глазам Господа как один Человек, и, как Вселенский Человек (Универсальный человек), ей должно пройти через все его стадии личного взросления, прогрессируя от младенчества к юности, затем к зрелости, и так до самой старости, а затем, после его смерти, к воскрешению. *TCR. 762*

Духовный человек представляет собой церковь в частности, а множественность является обобщённой Церковью. *AC. 4293*

Как только кто-либо рождается, он приводится в состояние невинности. Затем это состояние служит основанием всех других состояний и является их внутренней сутью; и в Слове это состояние обозначено словом 'младенец'. После того, как он был приведён в состояние невинности, он вводится в состояние любви к небесному добру, то есть, в состояние любви к родителям, которая заменяет любовь к Господу; это состояние подразумевается под

167

словами 'малое дитя'. После этого его вводят в состояние склонности к духовному добру, которое состоит из взаимной любви, или милосердию по отношению к другим подобным ему детям, и это состояние подразумевается под словом 'мальчики'. Продолжая взрослеть, он вводится в состояние любви к истине; это имеется ввиду под выражением 'молодой человек'. По аналогии следуют состояния 'мужчина' и 'пожилой человек'. Конечным состоянием является состояние мудрости, которое, сохраняя в себе невинность раннего детства, связывает воедино первое и последнее состояния. И когда состарившись, он опять же является малым ребёнком, хотя уже обладающим мудростью, таковым человек и вводится в Господнее царство. *AC 318*

Первое состояние являет собой состояние неведения, а также невинности в неведении. В продолжении этого периода, внутренние состояния формируют способность приносить пользу, и следовательно, тут видны лишь внешние признаки, то есть те, которые имеются в чувственном человеке; в этом случае царит неведение.

Второе состояние является состоянием, основанном на наставлениях и процессе познания. . . Это ещё не состояние разумности, поскольку ребенок в этом возрасте не способен выводить собственные заключения, и, без внешней помощи, не видит различия между истиной и истинами, и также между истиной и фальшью. Он мыслит и рассуждает лишь о предметах, содержащихся в его памяти, то есть единственно о том, что знает по собственному опыту; и также не может еще самостоятельно определить истинность этих предметов, за исключением случаев когда он опирается на авторитеты, то есть, находится под влиянием других.

Третье состояние зовется состоянием разумности, поскольку человек начинает думать самостоятельно, видеть различия и приходить к определенным заключениям; и эти самые заключения уже являются его собственными, а не принадлежащими другим. Этот период представляет собой период становления веры; так как вера не возникает сама по себе, покуда человек не убедится, что он верит в идеи, являющиеся продуктом его собственного мышления. До этого времени то, во что он верил, не являлось его верой, но было внушено ему кем то иным; так как верил он какому-то другому человеку, а не в самою эту идею. Из этого очевидно, что состояние разумности наступает тогда, когда человек прекращает мыслить на основании каких либо авторитетов, но сам по себе; а это не может произойти, пока его внутреннее не распахнётся навстречу всему небесному. Должно отметить, что хотя внешне человек пребывает в мирском, но своим внутренним - он в небесах; и это соотношение находится в пропорции между объемом света, проникающего в его мирское с небес, к степени, в которой он набирается разумением и мудростью. И эта степень, в свою очередь, соответствует тому, насколько открыты и восприимчивы внутренние глубины человека; а открыты они настолько, насколько человек живет ради небесного, а не ради мирского.

Но последним состоянием является мудрость, и сопутствующая ей невинность; это состояние таково, что человек больше не заботится о понимании истины и добра, но более о стремлении и к ним, и к существовании согласно им; ибо это самое и означает быть мудрым. Человек может стремится к истине и добру, и даже жить в них, в то же время оставаясь невинным, покуда он считает, что вся его мудрость происходит не от него самого, а от Господа; и насколько сильно стремление человека к этому, настолько это его состояние и является состоянием невинности в мудрости.

При последовательной смене этих этапов, мудрый человек может испытать множество чудес Божественного Провидения, как например то, что предыдущее состояние является подготовительным планом последующего состояния, и что раскрытие, или развертка, внутренних состояний следует постепенно, от наиболее внешнего к наиболее внутреннему, таким образом, что на протяжении этой цепи, от первичного внешнего до конечного внутреннего, где первичным внешним является неведение, а конечным внутренним является невинность. Так как тот, кто сам осознаёт что сам по себе он ничего не знает, и что всё то, что он знает происходит от Господа, пребывает в неведении как мудрости, так и мудрой невинности. *AC 10225(5-7)*

Однако духовное развитие человека, или же церкви, не обязательно является прогрессивным, так как когда человек, или церковь, замыкаются на самих себе, неизбежно наступает состояние духовного упадка.

То же самое происходит с церковью в общем, и с человеком в частности; первым его состоянием является состояние невинности, то есть любовь к родителям, своей няне, а также к своим маленьким друзьям, его второе состояние есть состояние просветления; ибо когда маленький ребёнок становится мальчиком, он образовывается в предметах, соответствующих просвещению, включая истины веры, и начинает принимать их во внимание.

Третья стадия это когда он начинает склонятся ко всему мирскому и любит самого себя, что происходит когда он взрослеет и начинает мыслить самостоятельно; и согласно пропорции усиления его склонностей, уменьшается его вера и вместе с ней любовь к ближнему и любовь к Господу. Четвёртая и последняя стадия это та, в которой он не обременяет себя мыслями об истине, и иногда даже отрицает её.

Те же самые стадии проходит каждая церковь от её начала и до её конца; первая её стадия - это младенчество, то есть невинность, и соответственно любовь к Господу - это состояние церкви обозначается утром; вторым является состояние просвещения; третьим является состояние неясности, что представляет собой сумерки; и четвёртым состоянием является то, в котором отсутствует любовь, и оттого и свет, это состояние представляет собою ночную темноту. AC 1034 (8-9)

Рассуждая о церкви на земле в наиболее абстрактной форме, то есть как охватывающего духовного периода, или эпохи, Сведенборг насчитывает развитие четырёх обобщённых фаз, или четырёх церквей, вплоть до своего времени, где каждая из этих церквей прошла через вышеуказанный цикл.

Древние выделяли несколько мировых исторических эпох с первой и до последней, начиная с золотого, затем серебряного, медного и железного веков, к которому они прибавили глиняный век. Золотой век они называли так потому, что тогда царила невинность и цельность, где каждый делал добро ради самого добра, и то, что было праведно ради самой справедливости. Серебряный век царствовал тогда, когда уже не существовала невинность, но еще оставалась некоторая цельность, заключающаяся уже не в совершении добра ради добра, но в поддержании истины ради неё самой; и они обозначали века медным и железным, так как они были по существу еще ниже. Именовались эти века так не по сравнению, а по своему соответствию, так как древние знали, чтосеребро соответствует истине, а золото - добру. *AC 5658 (2,3)*

Собственные анализы и терминология Сведенборга основываны на Библии, и он классифицирует духовную историю человечества на следующие периоды:

ПЕРИОД МЛАДЕНЧЕСТВА:
Древнейшая Церковь (вплоть до Великого Потопа)

ПЕРИОД ДЕТСТВА:
Древняя Церковь (от времен Ноя до прихода Абрама)

ПЕРИОД ЮНОШЕСТВА:
Израильская (и Еврейская) Церковь (от Авраама до Пришествия Христа)

ПЕРИОД РАННЕЙ ЗРЕЛОСТИ:
Христианская церковь (от Христа до 18 века)

Описывая этот начальный до-мифологический период, именуемый Золотым Веком и существовавшим задолго до появления исторических хроник, Сведенборг рисует идиллическую картину незамутненной невинной духовности.

В самой Древнейшей Церкви, существовавшей до потопа, не имелось письменного Слова, но вместо этого то внутренне знание, что открывалось каждому члену Церкви; и так как членами её являлись небесные люди, подобные ангелам, держащимися с ними в тесном контакте, люди эти внутренним образом постигали добро и истину. Такой манерой Слово было воистину запечатлено в их сердцах... Так как они были небесными людьми, и жили в содружестве с ангелами, всё то, что они видели, и чему внимали своими органами чувств, являлось им значительными и характерными знаками небесных и духовных проявлений Господнего Царства; т.е. в действительности, их зрение, или другие их органы чувств, воспринимали мирские и земные явления; но одновременно, посредством этих явлений, их мышление оперировало небесными или духовными понятиями. Этим, и единственно этим путём, они были способны общаться с ангелами, так как предметы и явления среди ангелов являются небесными и духовными, и когда это снисходит в мир человека, то опускается до уровня вещей, существующих в людском мире. *АС 2896*

Наиболее Древняя Церковь обладала непосредственным откровением прямого контакта с духами и ангелами, а также видениями и снами, свыше ниспосланными Господом. Данный духовный опыт поставлял возможность обобщённых представлений о том, что такое добро и истина. По причине того, что у них уже сформировалось общее представление о добре и истине, это обобщённое первичное знание давало возможность подтверждения этого посредством бесчисленных деталей, воспринимаемых их органами чувств. Эти бесчисленные детали составляли особенности индивидуальных аспектов общего знания, к ним относящегося. Таким образом, обобщенное или первичное знание находило себе подтверждение в их каждодневном существовании. В случаях, когда что-либо не соответствовало их первичному знанию вещей, они воспринимали это как несоответствие; а в случаях соответствия, всё это воспринималось как должное. Таким же является и состояние небесных ангелов.

Общие предметы первичного знания Древнейшей Церкви представляли собой небесные и вечные истины; как например та, что Господь управляет всей вселенной; что Господь являет собой источник всего добра и всей истины; что Господь представляет собой источник всего бытия; в дополнении ко всем прочим истинам добавляется то, что проприум человека есть ничто иное как зло, и сам по себе как бы является мертвым грузом. От Господа ими воспринимались бесчисленные размышления, подтверждающие эти истины и гармонирующие с ними. Для этих людей любовь была главным предметом вероисповедания, посредством любви им было дозволено Господом постигать всё возможное на предмет веры. Таким образом, их вера была их любовью. *АС 597(2)*

Всё, что член наиболее Древней Церкви видел собственными глазами, казалось ему небесным, и оттого, все окружающие предметы казались ему как бы живыми. *АС 920 (2)*

Самые древнейшие люди, жившие еще до потопа, видели во всём окружающем - в горах, холмах, долинах, в садах, рощах, лесах, реках и озерах, в полях и посевах, в деревьях любых видов, также и в самых разнообразных животных, и в светящихся небесных телах - нечто, что представляло и обозначало для них Царство Господнее. Но они никогда не дозволяли своим глазам, а тем более уму, задерживаться на этих объектах; ибо объекты эти служили

172

им лишь символами для размышлений о небесных и духовных явлениях, составляющих царство Господне. Воистину, таковым было положение вещей, что все естественные мирские объекты казались ничтожными, и не могли служить этим людям средством их существования. *АС 2722(5)*

У древнейших людей, - которые были небесными, и вообще не имели представления о притворстве, а также и о том, что такое лицемерие или предательство - имелась способность читать мысли других по выражению их лица. *АС 3527(2)*

Люди древности... были довольны тем, что имели; и никто из них и не подозревал о возможности обогащения за счёт другого, или возможности властвовать над другими. . . Каждый в это время совершал добро ради самого добра, и был праведным ради справедливости. Они и не понимали того, что возможно вершить добро и справедливость ради прославления самих себя, или ради своей выгоды. Они и не упоминали ни о чем, если это не было правдой; не настолько от своей правдивости, насколько от своей доброты... Эти времена были известны древним авторам, и были названы ими золотым веком, а также веком Сатурна. *АС 8118*

Члены древнейшей церкви обладали знаниями истинной веры путём откровений, так как они разговаривали с Господом и с ангелами. Они также были учимы видениями и снами, которые представлялись им в высшей степени восхитительными и благословенными. Они постоянно ощущали присутствие самого Господа; и в результате этого ощущения, размышляя о чем-либо, хранившемся в памяти, они мгновенно ощущали, было ли это истинно и добро; и это проявлялось в такой степени, что когда обнаруживалось что-либо ложное, они не только не хотели иметь с этим ничего общего, но прямо-таки ужасались этим самым. *АС 125*

Члены Древнейшей церкви обладали внутренним дыханием, внешнего же дыхания не было, за исключение того, которое было совершенно беззвучным. Следовательно и разговаривали люди не столько при помощи голосовых связок, как это было в последующие времена и как это происходит сейчас, а подобно ангелам, посредством идей. Они были способны выражать идеи посредством несчетных изменений в мимике их лиц и взглядов, в особенности при помощи выражения губ, состоящих из бесчисленных мускульных волокон, которые в наши дни увязаны, но в прошлые времена сохраняли свободу движения. Таким образом они могли моментально изобразить, означить и обозначить то, на что ныне потребуется потратить целый час, употребляя звуковую артикуляцию или всевозможные выражения. И они исполняли это куда более полно и более ясно, достигая понимания присутствующих, чем это было бы возможно сделать при помощи слов или предложений. *AC 607 (2)*

Здесь интересно отметить, что Сведенборг описывает, что люди этой Церкви не были охотниками, а были вегетарианцами.

В наиболее древние времена люди никогда не ели мяса животных или птиц, а только различных видов зёрна, особенно пшеницу и хлеб, а также плоды деревьев, овощи, молоко и такие молочные продукты как масло. Забивать живых тварей на мясо казалось им отвратительным, и сходным с поведением диких животных. *AC 1002*

Наиболее Древняя Церковь, существовавшая до потопа, вовсе никогда не имела понятия о жертвоприношениях, им также не приходило в голову восхвалять Господа жертвоприношением животных. *AC 2180 (4)*

Детство (Древняя Церковь)

Параллельно со сменой поколений Наиболее Древней Церкви, Божественные и небесные предметы постепенно опускались на довольно чувственный уровень.

У людей Наиболее Древней Церкви со временем прорезалась склонность к мирским предметам, склонность более сильная, чем к небесным предметам, что давало возможность гордиться собой и восхвалять свою мудрость. Это повело к тому, что у их потомков появилось качество чувственности, и это самое качество, подразумевается под ''змием' соблазна. *AE 739(7)*

И после этого, всё то, что было небесным в человеке, то, что по существу являлось любовью к Господу, испарилось, и человечество более не находилось в данном состоянии, то есть в состоянии видения в мирских объектах небесных и духовных предметов Господнего царства. *АС 2722(6)*

Древняя Церковь, основанная Господом по прошествию Великого Потопа, стала показательной церковью, и естество её была таково, что каждый из её внешних обрядов богослужения демонстрировал собой духовные и небесные аспекты Царства Господнего, и, в высшем смысле, Божественный аспект самого Господа... Эта Церковь получила распространение в большей части Азии, и во многих тамошних царствах, и несмотря на то, что там существовали различия в доктринах веры, всё же их Церковь оставалась единой, так как все и каждый из её постулатов, делали милосердие сущностью Церкви. *АС 4680(2)*

Бог, коему поклонялась Древняя церковь, был Господом в виде Божественного Человека, и всем было ясно, что это был Господь, пребывающий в каждом ритуале их церкви, и многим из них также было известно, что вскоре Господь посетит этот мир, и сотворит человека в Своём Божественном. *АС 6846*

Внутренние аспекты Древней церкви включали в себя всё то, что относилось к милосердию и вере, ведущей своё начало от милосердия, и всех видов смирения, всех способов поклонения Господу, проистекающих от милосердия, от каждой склонности приносить добро ближнему, и иных подобных проявлений. Внешними сторонами этой церкви являлись жертвоприношения, ритуальные возлияния, и многое тому подобное, посредством которого происходило общение с Господом, и относилось к Нему одному. Таким образом, эти аспекты внутреннего качества, заполняли всё то, что являлось внешним, и вместе это всё образовывало единую Церковь. Внутреннее Христианской церкви содержит в себе те же самые внутренние аспекты как и Древняя Церковь, но её внешний образ совершенно иной. Можно сказать, что жертвоприношения, и тому подобно (Христианская Церковь) уступили место таинствам, которые также посвящаются Господу. . . Хвала Господу, коренящаяся в милосердии, не может быть иной, как бы не варьировались внешние аспекты богослужения. *АС 1083(2)*

Другим существенным отличием этой новой духовности являлась необходимость выражать истину в устной форме, используя словесную артикуляцию, что, к сожалению, повело к тенденции ограничения постижения истины, которая не укладывалась в слова.

Когда перестало существовать внутреннее дыхание, его постепенно заменило то самое внешние дыхание, которое существует сегодня. И вместе со внешним дыханием пришла устная речь или звуковая артикуляция, которая заточила идеи в мышление. Таким образом, человеческое состояние капитально изменилось, и он превратился по сути в того, кто был уже не способен обладать восприятием этого рода. Вместо качества непосредственного внутреннего восприятия, у него появилась иная способность внутреннего управления, которая хотя и может быть названа совестью, так как подобна совести, но на самом деле является неким средним арифметическим между интуитивным восприятием и тем, что зовётся совестью в понимании современного человека. И как только такое ограничение сакральных идей вошло в употребление, то это заменилось артикулированной речью, люди потеряли возможность внутреннего наставления, как это было раньше у древнейших людей, и наставлялись теперь внешним образом. Оттуда, святые откровения, кои поставлялись Древнейшей Церковью, постепенно сменились доктриной, которая в первую очередь воспринималась внешними чувствами. *AC 608*

По прошествии времени и эта Церковь пришла в упадок - как в отношении предметов, использовавшихся в виде символических аспектов Божественного, так и в отношении самого Божественного.

Идолопоклонничество у народов древних времён возникло из понимания соответствий, так как все существующие земные предметы, такие как деревья, животные, птицы всех видов, также рыбы и всякое иное, имеют свои собственные соответствия. Люди древности, владевшие этим знанием, создавали себе изображения, соответствующие небесным предметам, и радовались им, так как они выражали их представления о всём сущем на Небесах и внутри Церкви. Изображения эти, которыми они украшали не только свои храмы, но и свои дома, экспонировались там не с целью поклонения, но чтобы служить поминанием о тех небесных вещах, которые они представляли. Так например в Египте, как и во всех прочих местах, можно было увидеть изображения тельцов, быков,

176

змей, а также детей, старых людей и девственниц; тогда как тельцы и быки обозначали предрасположение и могущество естества человека; змеи - осторожность и также хитрость чувственного человека; дети -невинность и милосердие; пожилые люди - мудрость; девственницы - преданность истине; и так далее. Однако, когда знание соответствий было людьми утеряно, их потомки начали поклонятся этим изображениям как святыням, и постепенно даже как самим богам, хотя они и представляли собой лишь изображения, т.е. подобия, помещённые древними людьми внутрь их храмов и вне их ... Наука соответствий сохранялась среди многих восточных народов даже вплоть до Господнего Пришествия. *TCR 205*

Юность (Израильская Церковь)

Наряду с тем как Древняя Церковь со временем приходила в упадок, по мере расширения идолопоклонства и использования науки соответствий для магической практики злого естества, приближалась третья эпоха.

С течением времени Церковь эта обратилась к идолопоклонству, и в Египте, Вавилоне, и в других местах к магии; ибо они начали преклоняться внешним предметам без внутреннего содержания. *AC 4680(2)*

В конце концов Господь соблаговолил основать, среди потомков Авраама от Якова, новый вид Церкви, и ознакомить этот народ с внешним богослужением Древней Церкви. Однако, таково было естество этих людей, что они не могли воспринять ничего-либо из внутреннего Церкви, так как их сердца напросто противились милосердию, и по этой причине, единственно внешняя репрезентация Церкви была им доступна. *AC 4680(3)*

Изображения и символы Древней Церкви ... (в Египте) превратились у них в предметы магии, ибо, посредством изображений и символов Церкви, осуществлялось общение с небесами. Это общение имелось у тех, кто жил в добре милосердия, и многим из них было открыто; но те, кто не пребывал в добре милосердия и даже ему противился, иногда состояли в связи со злыми духами, которые извращая все истины Церкви, этим самым рушили всё её

добро, отсюда и происходила практика магии . . . Магия является-
ся ничем иным, как извращением порядка; в особенности это относится к злоупотреблению соответствиями . . . Для того чтобы
изображения и символы Церкви более не могли бы быть исполь-
зованы в магии, был избран народ израильский, с той целью, чтобы обряды и символы Церкви смогли бы среди них быть восста-
новлены. Этот народ отличался такой особенностью, что не смог
бы сфабриковать что-либо магическое из обрядов и символов; так
как прибывали эти люди лишь во внешнем, и не верили в существование чего-либо внутреннего, а ещё менее в существование
чего-либо духовного. В таком народе не могло прижиться ничто
магическое, как это к примеру было у Египтян. *AC 6692*

Эта Церковь была основана у народа Еврейского и Израэлитско-
го. Но из-за того, что информация касающаяся всего небесного,
или касающаяся тех предметов, которые имеют отношение к вечной жизни, не могла быть дана прихожанам этой Церкви посредством внутреннего Божественного притока (инфлакса), то есть
посредством просветления, поэтому ангелам приходилось вещать
с небес голосами живущих, и наставлять их в большинстве случаев по поводу внешних вещей, а в меньшинстве по поводу внутренних, так как у людей не хватало способности к восприятию
этого. Те, которые находились в состоянии естественного добра, с
благоговением воспринимали то, чему их учили, поэтому те времена и называлась Бронзовым Веком, так как бронза символизирует
этого рода добро. AC 10355(4)

Ранняя зрелость (Христианская Церковь)

**Основная причина существования Израэлитской церкви, которая
являлась лишь представительницей Церкви, но не истинно духовной
церковью, заключалась в том, что новому Слову, или Святому Писа-
нию, должно было быть написанным на основе их истории, дабы оно
смогло служить необходимой основой для внутреннего воплощения
обещанного Мессии - Христа.**

Хотя, когда в людях Церкви не осталось ничего даже от природного блага, Господь вступил в мир, и внес порядок во всё сущее, и
на небесах и в чистилищах, с той целью, чтобы вручить человеку
способность воспринимать Божественный небесный приток (инфлакс), и озарить его так, чтобы чистилища не смогли заслонить
178

этот свет или замутнить его своей густой тьмой. Это время породило четвёртую Церковь, называемую Христианской Церковью. В этой Церкви знание небесных предметов, т.е. предметов касающихся вечной жизни, поступает к людям исключительно посредством Слова, через познание которого человек воспринимает инфлакс и озарение; так как Слово было объяснено посредством истинных соответствий и истинных представлений, кои символизируют все небесные предметы. В эти предметы снисходят небесные ангелы тогда, когда человек изучает Слово. Таким образом, посредством Слова, осуществляется слияние небес с Церковью, или, небесных ангелов с людьми Церкви, но это происходит лишь с теми, кто прибывает в добре любви и милосердия. Но если случается, что представитель этой самой Церкви обходит стороной даже это благо, он теряет возможность получать знание, как посредством инфлакса, так и через озарение, за исключением некоторых определённых истин, которые, тем не менее, не связаны с добром. По этой причине, эти времена называются Железным Веком; поскольку железо обозначает истину самого крайнего порядка. *АС 10355(5)*

Сам Господь снизошёл в мир, дабы раскрыть внутреннюю суть предметов Слова, в особенности всё относящееся к Нему Самому, любви к Нему, любви к ближнему и веры в Него; то есть всё то, что ранее пряталось за внутренней сущностью Слова, так как скрывалось за его описаниями, и следовательно за всем тем, что относилось к церкви и церковным обрядам. Эти истины, раскрытые Господом, являлись внутренней сущностью, и были сами в себе духовны, что впоследствии послужило и доктриной и осуществлением новой Церкви. Но тем не менее, они не были сразу восприняты, а лишь после значительного промежутка времени, как это хорошо известно из церковной хроники. *АЕ 670 (2)*

Когда Господь сошёл в мир, он отменил обряды, как нечто внешнее, и основал Церковь, построенную на том, чему было должно стать внутренней сутью. Из всех обрядов, Господь оставил только два. Они должны были, в доступной манере, включать в себя все предметы, относящиеся ко внутренней сути Церкви. Эти два обряда включают в себя крещение - вместо омовений, и святое причастие - вместо ежедневно совершаемого заклания агнца. *ТСR 670*

На Сведенборга большое впечатление производили чистота и подлинность ранней фазы Христианской Церкви, несмотря на то, что он не выказывал детального знания её доктрин. Однако он признает резкий перепад от её изначальной духовности во времена становления и до создания ею своих церковных догматических кредо. В общих словах, впоследствии, он сильно критикует как все её доктринальные проявления, так и качество её управления.

В Христианском мире, именно церковные доктрины являются причиной различия и отделения церквей друг от друга, и оттого они и именуют себя Римской Католической, Лютеранской, Кальвинистской, Реформистской или Евангелистской. Эта ситуации никогда бы не возникла, если бы они ставили любовь в отношении Господа, и милосердие по отношению к ближнему, за основной предмет веры. В таком случае, их доктринальные разногласия были бы не более чем оттенками одного и того же мнения относительно таинств веры, которые истинные христиане предоставляли бы своей личной совести, а в сердце своем полагали бы, что подлинным христианином является тот, кто живет по-христиански, то есть так, как учит Господь. Если бы это было так, то все различные Церкви слились бы в одну единую, и все укоренившиеся доктринальные разногласия исчезли бы одна за другой. *AC 1799(4)*

Четвертая Церковь... которая была названа Христианской, признавала на словах действительно одного Бога, но на деле, Он представал в виде трех лиц, каждое из которых отдельно, или само по себе, являлось Богом. Так они и поклонялись разделенной Троице, а не Троице, объединенной в одном Лице. Результатом этого явилось то, что идея трёх богов укоренилась в их разуме, хотя и одновременно с их уст сходило имя одного Бога. Однако, так как все четыре церкви не восприняли этой истины, отсюда вытекает, что последующая Церковь, будет знать и признавать одного Бога. Ибо Божественная любовь Господа не ведёт к иной цели в сотворении мира, как присоединение к Себе человечества, и Себя к человечеству, таким образом продолжая оставаться в нем. TCR 786
С раннего младенчества, Христианская Церковь была заражена и раздроблена схизмами и ересью... причин многочисленных ересей и разногласий в Церкви было в основном три. Первая, состояла в том, что Божественная Троица была не понята. Вторая состояла в том, что отсутствовало праведное понимания Господа. Третья

180

заключалась в том, что страдания на кресте рассматривались как само искупление. Эти три составляющие являлись существом той веры, которая даёт Церкви возможность существования, и то, откуда она берет свое имя; и покуда эти составляющие веры будут неправильно поняты, всё, относящееся к Церкви, будет подвержено опасности отклонения от правильного направления так, чтобы в конце концов повернуться вспять. *TCR 378(1,3)*

То, что церкви, после апостольского времени, впали в такое множество ересей, и то, что в настоящее время не существует никаких иных церквей, кроме ложных, обязано тому, что они покинули Господа, хотя Господь являет собой само Слово, и сам Свет, который озаряет весь мир. *Inv 38*

12

ПОСЛЕДНИЙ СУД

Суд, как как это выделялось ранее, является духовным процессом, который проходит каждый из нас на определённой стадии своего духовного развития. Когда это имеет место в глобальном масштабе, охватывающим все духовные сферы земли, Сведенборг называет этот процесс Последним Судом.

Выражение 'Последний Суд', применяется для обозначения заключительного периода церкви, а также для завершающей стадии жизни каждого человека. Что касается завершающего периода церкви, последний суд Наиболее Древних Церквей, процветавших до потопа, имел место, когда их потомки закончили своё существование, и чья гибель описана в книге Потопа. Последний суд Древней Церкви, которая существовала после Потопа, имел место тогда, когда почти все, кто принадлежал к этой церкви, превратились в идолопоклонников и рассеялись в разные стороны. Последний Суд последующей, показательной, обрядовой церкви, которая была среди потомков Иакова, имел место, когда десять племён были выведены из земли обетованной, заключены в рабство, и рассеяны среди благородных наций; впоследствии, евреи после Пришествия Господня были изгнаны из земли Каннаанской и рассеяны по всему миру. Последний суд ныне существующей Церкви, называемой Христианской Церковью, является тем, что подразумевается под 'новыми небесами и новой землёй' в книге Откровений Иоанна. *АС 2118*

Этот процесс приводит к желаемому результату, когда озарение светом истины станет настолько могущественным, что области тьмы и света в сердце и разуме чётко отделятся друг от друга и разойдутся в разные стороны. Сведенборг видит иллюстрации этого в притчах Иисуса, таких как

183

например об отделении зерен от плевел во время жатвы.

Время Последнего Суда наступает тогда, когда под небесами в мире духов зло до такой степени распространится, что небесные ангелы уже не смогут существовать в своём естественном состоянии любви и мудрости, так как они теряют свою опору и всё своё основание. И так как это происходит в результате распространения зла в поднебесье, Господь, с целью защитить их ангельское состояние, вливает в них Своё Божественное усиленным потоком, и это длится до тех пор, пока их уже не удасться спасти посредством Божественного инфлакса, если только это зло под ними не отделится от добра. А это самое разделение производится через более разряженное и близкое присутствие небес, в результате которого инфлакс усиливается до такой степени, что зло не в состоянии больше выдержать этого, после чего оно отлетает прочь, низвергая само себя прямо в ад. *AR 343*

Читая о том, что Последний Суд происходит в духовном мире, следует помнить, что наш собственных внутренний мир и является тем самым духовным миром. И хотя последствия 'Последнего Суда' не всегда заметны на внешнем уровне человеческих группировок и организаций, тем не менее, все земные люди духовно ему подвержены.

Последний Суд имеет место не на земле, а в духовном мире, где всё сущее от начала создания собрано вместе. И поскольку это так, ни одному человеку не дано знать, когда свершился Последний Суд, так как каждый ожидает его свершения на земле, и тем самым вынашивает соответствующие этому идеи всевозможных изменений, зримых как в небесах, так и на земле, со всем на ней обитающем человечестве. *LJ 45*

Следует знать, что Последний Суд свершился над теми, кто жил со времен сошествия Господа до настоящих дней, но не над теми, кто жил до этого. Так как Последний Суд происходил дважды на этой земле; первым был тот, который описан в Слове как 'Потоп', и второй, который совершил Сам Господь, когда находился в этом мире. *LJ 46*

Одна из первичных целей Последнего Суда, - это поддержать духовное равновесие между небесами и адом, с целью сохранить свободу выбора человека.

184

Когда Церковь приближается к своему концу, существует множество причин, по которым имеет место Последний Суд. Первая из них состоит в том, что начинает колебаться равновесие между небесами и адом, и наравне с равновесием и свобода человека, а когда человек не свободен, исчезает возможность его спасения. Ибо он тогда уже движется в сторону от свободы в направлении ада, вместо того чтобы стать свободно ведомым в направлении небес. Так как, при отсутствии свободы, никто не может быть преобразован, и вся человеческая свобода проистекает от равновесия между небом и адом. *LJ 33*

В свой духовный дневник Сведенборг заносит свои личные свидетельства внешней, зримой манифестации Последнего Суда, состоявшегося в духовном мире в 1757 году, как результат аккумуляции искажения Христианских учений, возрастающего лицемерия и мирского влияния на церкви того времени. Он разъясняет, что всё это происходит с той целью, чтобы освободить место для зарождения нового духовного управления (или Нового Века), свободного от искажений и призывающего к доселе невиданной внутренней свободе от власти догм, когда человек станет намного более способным, если он этого захочет, самостоятельно видеть истину, или извлекать её из духовных учений других.

Что же касается состояния Церкви в дальнейшем, оно не останется тем же самым. Оно будет воистину походить на её прежнее состояние, согласно её внешним проявлениям, хотя отличаться по внутренней сути. Что же касается внешних проявлений, церкви всё ещё будут поделены как и прежде, их доктрины будут преподноситься таким же образом, как это было ранее, так же как и религиозность среди евреев. Но по той причине, что человек Церкви уже сможет более свободно размышлять о предметах веры, и следовательно о духовных объектах небес, его духовная свобода будет восстановлена. Это произойдёт оттого, что тогда все предметы веры будут опять сведены к надлежащему им порядку, как в небесах, так и в чистилищах . . . Но небесам эта истина очевидна, так же, как она становится понятна и человеку после его смерти. По той причине, что духовная свобода вновь возвращается человеку,   ему теперь открывается весь духовный смысл Слова, и, посредством этого,   внутренние божественные истины озаряют его. *LJ 73(2)*

13

НОВОЕ ВРЕМЯ - НОВАЯ ЦЕРКОВЬ

Сведенборг с уверенностью предсказал начало на земле новой духовной эры - и приоткрыл тайну того, что в духовном мире она уже наступила.

В настоящее время, Господь выстраивает Новую Церковь, ту самую, которая подразумевается в Апокалипсисе под Новым Иерусалимом, служба которой будет посвящена единственно Господу. *AR 839(7)*

Хотя Сведенборг даёт нам лишь немногие детали того, на что это будет походить, потому что насколько ему известно, даже сами ангелы могут видеть будущее лишь в самых общих чертах.

Называя эту эру эпохой Новой Церкви, он разумеется не подразумевает под этим никакой специфической организации. Сведенборг имеет в виду продвижение нового религиозного духа, способного опознать и признать правдивую духовную истину, поставляющую человеку возможность испытать и понять свои истинные отношения с Божественным, или со своим внутренним Христом.

Эта Новая Церковь представляет собой венец всех предшествующих церквей, так как она станет поклоняться единому зримому Богу, который включает в себе невидимого Бога, подобно духу, пребывающему во плоти. Только таким образом объединение Бога с человеком станет возможным, поскольку человек является естественным существом, и, следовательно, мыслит натурально; тогда как объединению этому должно происходить и по разумению и по склонности, а это случается только тогда, когда человек представляет себе Бога Человеком. *TCR 787*

Откровение Внутренней Истины

Как утверждал Сведенборг, эпоха догм постепенно подходит к концу.

Истина прихода новой Церкви является истиной внутренней, и таким образом, истиной внутреннего человека, тогда как истина прежней Церкви представляет собой поверхностную истину, а следовательно, истину внешнего человека. *AC 9212(7)*

При вступлении в Новую Церковь будет разрешено использовать понимание всех её внутренних истин, и также находить их подтверждение Словом. Причина этого состоит в том, что её доктрины представляют собой ряд Божественных истин, открываемых посредством Слова; и подтверждение этих истин рациональным рассуждением расширяет границы высшего восприятия, и поднимает их к тому свету, которым пользуются ангелы небесные. *TCR 508(5)*

Далее следует вступление в тайны Слова, которое до сих пор было закрытой книгой; так как все его истины представляют собой многочисленные зеркальные отражения Господа. *TCR 508(6)* В (Новой) Церкви Слово будет понято, потому что оно станет прозрачным в отношении своего духовного смысла... Для тех, кто принадлежит к этой Церкви, смысл Слова озаряет, как это случается в процессе чтения. Это озарение проистекает от Господа посредством духовного смысла, так как сам Господь и является Словом, а духовный смысл Слова представляет собой свет небес, излучаемый Господом как Солнцем. *AR 897*

Из кого она будет сформирована

Сведенборг объясняет, почему Новая Церковь будет состоять в основном из тех, кто находится вне предыдущей признанной церкви.

Когда какой-либо церковный приход сходит на нет, то есть когда исчезает людское милосердие, и новый церковный приход формируется Господом, он крайне редко, если когда-либо вообще, включает в себя прихожан старой церкви. Вместо этого, приход образуется среди тех, у кого раньше не было Церкви, то есть, из язычников... Причина, по которой Господь основывает новый церковный приход среди язычников, состоит в том, что у них нет никаких фальшивых (противоречивых) представлений, которые противоречили бы истинам веры, ибо им не знакомы истины веры. Фальшивым утверждениям, усвоенным в раннем детстве, должно развеяться до того времени, когда человек сможет быть перерожден и стать членом Прихода. Воистину, язычники не могут осквернять святые истины злом своей жизни, поскольку никто не может осквернить святое, если вообще не имеет представления о том, что является святостью... Так как язычники погружены в неведение, то не существует у них и сомнений, которые смогли бы воспрепятствовать им в приятии истин, не более, чем тем, кто уже принадлежит церковному Приходу; и все среди них, кто уже живёт праведно, с легкостью воспринимает истину... *АС 2987(2,3)*

Та причина, по которой сокровенный смысл Слова теперь приоткрывается, состоит в том, что церковь наших дней настолько далека от любви и веры, что несмотря на то, что люди знают и понимают, они все таки этого не признают, и вера их намного ослабела... за исключением некоторых, которые живут праведно и считаются избранными, которые могут быть просвещены и из которых Новая Церковь сможет быть сформирована. Но где они, эти избранные, знает один только Господь; в новом приходе их будет немного; так повелось среди язычников, что новые церкви прежнего формировались именно из них. *АС 3898(3)*

Всеобщность

Сведенборг является религиозным универсалистом, вне зависимости от факта, что поверхностное чтение его работ иногда может обнаруживать новый Христианский догматизм. Хотя он и предпочитает опираться на явно традиционную христианскую терминологию, тем не менее, он все же старается выразить глубочайшие всеобщие истины, прячущиеся за прямыми словами. То небесное, которое открылось Сведенборгу его собственным опытом, окрашивает внутреннюю глубину его писаний, и сможет стать доступным каждому, кто искренне углубляется в поиски источника истинно любящей и несущей пользу жизни служения.

Обстоятельства Господней духовной Церкви таковы, что она рассеяна по всему миру, и, где бы она не существовала в различных вариациях, касающихся способов вероисповедания или истин веры. . . . Тоже самое можно сказать и о духовном царстве Господнем на небесах - то есть, по вопросам веры разнообразие столь велико, что ни одно сообщество, даже ни один единственный из членов сообщества, не может пребывать в полном согласии ни с кем-либо иным, в том, что именно определяет истины веры. Но несмотря на это, духовное царство Господа на небесах едино, и причиной этого является единство всех и каждого в том, что основой всего сущего является милосердие каждого, так как именно милосердие формирует духовную Церковь, а не вера, покуда никто не утверждает что вера и является милосердием. *АС 3267*

Небеса. . . не могли бы быть сформированы из людей одной религии, но из людей многих религий. *DP 326(10)*

Все нации, которые веруют в одного Бога, и имеют представление о Нем как о Человеке, принимаются Господом. *AE 957(3)*

Разногласие в вопросах доктрины, касающейся веры, не означает того, что церковный Приход не способен быть единым приходом, подразумевая то, что здесь царствует единогласие в отношении всеобщего стремления к добру и к совершению этого добра. *АС 3451(2)*

Выражение, *уверовать во имя Иисуса Христа*, подразумевает веру в духовные качества жития, продемонстрированного Им, а не только отдавать Христу должное, как какой-либо исторической фигуре.

Те, чьё богослужение состоит в поклонении чьему-либо имени, как, например, делают евреи во имя Иеговы, или христиане во имя Господа, в этом смысле не являются достойнее других, так как, само по себе, имя немного значит. Но достойнее они становятся в том случае, когда их собственный характер подтверждает Его заповеди; и в этом то и есть смысл выражения 'уверовать во имя Его'. И когда они утверждают, что не существует никакого иного спасения, кроме как во имя Господа, они не подразумевают никакую иную доктрину, чем взаимную любовь, которая и является

190

истинной доктриной веры; и вера эта единственно в Господа, поскольку всякая любовь происходит от Него одного, и любая вера проистекает от этой любви. *АС 2009(12)*

В духовном мире, в который каждый человек вступает после своей смерти, вопрос, задаваемый каждому, не 'в чем твоя вера?', или 'каковой была твоя доктрина? Но вместо этого, 'каковым было естество твоей жизни?' 'Была ли твоя жизнь того или иного свойства?' Эти вопросы касаются естества и качества людского жития, так как всем известно, что какова была жизнь, такова была и вера, и вместе с этим - доктрина, ибо, само по себе житиё формирует и доктрину и веру. *DP 101(3)*

Возможно, одним из наиболее привлекательных образов всеобщности у Сведенборга является сравнение соответствия Господнего Церковного Прихода с венцом, украшенным множеством различных драгоценных камней. Истинно соответствующее описание 'Венца всех Церквей'.Церковные Приходы, обладающие различными понятиями добра и любви, пребывают в благе; и покуда они основываются на любви к Господу, и на истинах веры в Господа, они представляют собой подобие множества драгоценных камней царского венца. *TCR 763*

(Новый) Приход, в своей целостности. . . . сам по себе един, но варьируется в соответствии с восприятием. . . Эти вариации можно сравнить с различными членами и органами единого тела, которые составляют одно функциональное целое; или они могут быть приравнены к многообразию драгоценностей царской короны. *AR 73*

АППЕНДИКС

ДИСКРЕТНЫЕ СТЕПЕНИ В ЧЕЛОВЕКЕ

Учение Сведенборга о дискретных уровнях (см.гл. 5), в отношении души человека, представляет собой фундамент его духовной психологии. Он отчетливо различает дискретные степени, или уровни внутреннего человеческого бытия, которые включают в себя две чисто небесные степени (уровни) - духовную и благую, в дополнении к более простым естественным способностям разума.

В человеке присутствуют три уровня, которые вытекают друг из друга в возрастающем порядке: естественный, духовный и благой. Благой представляет собой благо любви к Господу, духовный является благом милосердия к ближнему, и естественный - благом веры; и так как всё это проистекает из духовного, то называется духовно-естественным. Небеса сформированы наподобие человека.

Самое внутреннее небо, называемое третьим небом, представляет собой Благо; второе или среднее небо является духовным, а первое или конечное небо является естественным, (происходя из двух вышеуказанных), и оттого зовется оно духовно-естественным. Причина этого в том, что человек, который пребывает в благе, являет собой небеса в их мельчайшей форме. АС 9992

В то время как каждый уровень представляет собой как бы отдельную сферу или отдельный мир, каждый более внутренний уровень заключен внутри более внешнего. Внешне может казаться, что они существуют раздельно сами по себе, хотя в реальности уровни могут существовать только от влияния изнутри.

193

В человеке всегда присутствует нечто самое глубинное; в этом глубинном прячется сокровенное внутреннее, сопутствующее внешнему. Всё это существует абсолютно раздельно, и следует одно за другим по порядку, от самого сокровенного к наиболее внешнему; в порядке последовательности, эти компоненты также оказывают влияние друг на друга, переливаясь одно в другое; и подчиняясь определённому порядку, они струятся, устремляясь внутрь; наподобие самой жизни, струящейся через сокровеннейшее в самое внутреннее, и через внутреннее во внешнее; и так без устали, пока не установится конечный порядок, после чего наступает покой. И так как внутреннее струится, согласно порядку, к конечным пределам внешнего, и там останавливается, становится очевидным, что наиболее внутреннее присутствует в конечном. Но это происходит следующим образом: то сокровенное, заполняющее внутреннее, пребывает в центре, остальное содержание внутреннего охватывает этот центр со всех сторон, где более внешнее охватывает его по окружности; и это происходит не только в общем, но также и в отношении каждой мельчайшей детали. . . . И поскольку внутреннее присутствует во всём конечном, создается как бы впечатление будто бы сама жизнь пребывает в конечном, то есть в теле; в то время как она всё ещё находится во внутреннем, только ещё не здесь, а в своей наивысшей степени, то есть в Господе, который и излучает самою жизнь. *AC 6451(2-3)*

Сведенборг объясняет взаимодействие двух небесных степеней друг с другом и с людским естественным уровнем:
Существует определенная двойственность во Внутреннем Человеке, это его небесное качество и его духовное, и вместе они составят единую суть, в том случае, когда духовное вытекает из небесного. Или, что то же самое, существуют две стороны внутреннего человека, а именно: благо и истина. Эти двое также составляют единую суть, в том случае, если истина происходит от блага. Или, что то же самое, этими двумя сторонами Внутреннего Человека являются любовь и вера; и опять таки, они составляют единую суть, если эта вера исходит из любви. Или, что то же самое, двумя сторонами Внутреннего Человека являются воля и понимание. Они также являются единым целым, когда понимание находится в согласии с волей. . . Во Внешнем же человеке всё естественно, ибо сам Внешний человек - это то же самое, что и естественный человек. Внутренний человек объединяется с Внешним,

когда небесное-духовное вливается в естество Внешнего человека, заставляя их действовать заодно; по причине этого, естественное становится небесным и духовным, хотя в более скудной вариации небесного и духовного. Или, что является тем же самом, как следствие, внешний человек становится небесным и духовным, хотя в более поверхностных вариантах небесного и духовного человека. *АС 1577*

Сама естественная степень внешнего человека может включать в себя три дискретных уровня.

Существуют три составные части внешнего человека - рациональная, фактическая и поверхностная чувствительность. Рациональная часть является более внутренней, фактическая - более внешней, и внешняя чувствительность - наиболее поверхностной. Рациональность представляет собою часть, посредством которой внутренний человек объединяется с внешним, характер рациональности определяет характер этого объединения. Поверхностная чувствительность состоит в том, что человек видит и слышит в данный момент. Но рациональное не может выживать само по себе, если оно не увлажняется чувствами, стимулирующими её активность на предмет приятия жизни.   Следовательно, характер рациональности определяется склонностями, заполняющими её. Когда склонность к добру пропитывает рациональность, эта склонность, в совокупности с рациональностью, оборачивается любовью к истине; а противоположное случается тогда, когда рациональность пропитывается склонностью ко злу. *АС 1589(2)*

Духовный рост человека может осуществляться по восходящей, проходя через три основных дискретных уровня; но рост этот будет возможен только при том условии, что свободная воля человека сама к этому стремится. И всё же, на каждом из этих уровней, он может быть отражением Господа, в той степени, которая соответствует этому уровню.

Человеческий разум, посредством которого, и соответственно которому, человек является человеком, сформирован из трех областей, по аналогии с тремя степенями. Первый уровень - небесно-благословенный, в котором пребывают ангелы высших небес. Второй уровень - духовный, в нем обитают ангелы среднего неба.

Третий уровень - естественный, и в нем существуют ангелы самого низкого неба. Человеческий разум, организованный согласно этим трём степеням, является приёмником Божественного потока (инфлакс); но Божественное проникает внутрь только тогда, когда, так сказать, человек расчищает ему дорогу, или распахивает дверь. Если бы человек был способен это сделать на высшем или на небесном уровне, то он смог бы стать истинным подобием Господа, и, после смерти, ангелом высших небес; но если он 'расчищает дорогу' или 'открывает дверь' на среднем уровне, то он также становится подобием Господа, но не столь совершенным, и тогда после смерти он становится ангелом среднего неба; но если он делает то же самое лишь на низшем или естественном уровне, тогда он, в случае если он почитает Господа и поклоняется ему с истинным усердием, человек становится подобием Господа на низшем уровне, и после смерти становится ангелом низших небес. *TCR 34(2)*

СОКРАЩЕНИЯ

AC	Arcana Caelestia
AE	Apocalypse Explained
AK	Animal Kingdom (Kingdom of the Soul)
AR	Apocalypse Revealed
Ath Creed	Athanasian Creed
CAN	Canons of the New Church
CL	Conjugial Love
DC	De Conjugio
DD	De Domino
DL	Divine Love
DF	Doctrine of Faith
DLW	Divine Love and Wisdom
DP	Divine Providence
DSS	Doctrine og thr Sacred Scripture
DV	De Verbo
DW	Divine Wisdom
HD	New Jerusalem and its Heavenly Doctrine
HH	Heaven and Hell
Inv	Invitation to the New Church
ISB	Intercourse Between the Soul and the Body
LJ	Last Judgment
RP	Rational Psychology
SD	Spiritual Diary
STW	Small Theological Works and Letters (Swedenborg Society, 1975)
TCR	True Christian Religion

СОДЕРЖАНИЕ

Идея и инитиатива публикации на русском языке: Др. Андрей Вашестов
Черновой перевод: Татьяна Андреева
OCP-скан: Алехандр Васильев
Русский литературный перевод с английского: ©Таня Перская
Корректура: Александр Попов
Обложка и графическое оформление: Таня Перская
Спонсор: **LNC Publication** Bryn Athyn Pennsylvania USA
Издательство: ©**EDITIONS TPW** Stockholm SWEDEN
Печать: **BOD Germany 2017**
ISBN-13: 978-91-970416-7-6